KB149771

틱이어도
괜찮아!

틱이어도 괜찮아

초판 1쇄 발행 2015년 8월 20일
초판 3쇄 발행 2019년 7월 15일

지은이 김대현
펴낸이 이지은 **펴낸곳** 팜파스
기획편집 박선희
디자인 조성미 **마케팅** 김서희
인쇄 범선문화인쇄

출판등록 2002년 12월 30일 제 10-2536호
주소 서울시 마포구 서교동 404-26 팜파스빌딩 2층
대표전화 02-335-3681 **팩스** 02-335-3743
홈페이지 www.pampasbook.com | blog.naver.com/pampasbook
이메일 pampas@pampasbook.com

값 13,000원
ISBN 979-11-7026-030-1 (03370)

· 이 책에 등장하는 이름은 모두 가명을 사용하였음을 알려 드립니다.

이 도서의 국립중앙도서관 출판시도서목록(CIP)은 서지정보유통지원시스템 홈페이지(http://seoji.nl.go.kr)와 국가자료공동목록시스템(http://www.nl.go.kr/kolisnet)에서 이용하실 수 있습니다.(CIP제어번호: CIP2015019637)

틱 아이와 함께 행복해지기 위한
가장 실용적인 바이블

틱이어도 괜찮아!

김대현 지음

팜파스

'어떻게 하면 엄마들의 표정을 변화시킬 수 있을까?'

틱을 가진 아이들을 치료하면서 가장 많이 한 생각 중 하나가 바로 이것이다. 처음 진료실에 들어오는 엄마들의 표정은 한결 같이 어둡기만 하다. 그렇지 않아도 아이들은 병원을 싫어하는데 엄마 표정만 봐도 주눅이 들어버릴 것 같다.

무엇보다 아이와 엄마는 세상에서 가장 가까운 존재이므로, 서로가 서로에게 많은 영향을 끼친다. 아이가 아프면 엄마도 그 아픔을 함께 느낀다. 어찌 보면 당연한 일이지만, 엄마의 어두운 표정을 보게 되면 아이는 더더욱 불안해지기 마련이다. 이 책은 이러한 불안과 어둠속에서 틱과 함께 자라는 아이들과 이들을 바라보는 부모, 특히 엄마를 위한 책이다.

틱은 단순히 눈에 보이는 몇몇 증상의 나열만을 의미하지 않는다. 틱은 매일 보는 우리 아이들을 조금씩 낯선 모습으로 바꿔버린다. 주의력 결핍 과잉행동 장애, 강박증, 학습장애와 같은 동반 장애부터,

까다롭고 예민한 성격, 불안한 몸짓, 쉽게 화를 내고 짜증이 늘어난 것까지. 엄마를 당황시키는 것들은 한두 가지가 아니다. 이럴 때일수록 엄마가 자신의 감정에 휩쓸리지 않고 중심을 찾는 것이 틱 치료에서 가장 중요하다.

틱에 대한 정보가 부족하다 보니 아직 우리 사회에는 틱 장애에 대해 잘못된 지식이나 편견이 많은 편이다. 그래서 틱에 대해 너무 가볍게 생각하거나 틱과 관련 없는 것까지 틱 때문인 것으로 오해하는 경우가 많다. 엄마들을 보면 아이의 행동에 대해 어디까지 용인해야 할지, 아니면 따끔하게 혼내더라도 무엇을 바로잡아야 하는지를 명확히 알지 못하는 것 같다. 또한 지금 자신이 하고 있는 행동이 틱 치료에 도움이 되는지, 혹은 잘못하고 있는 것인지 혼란스러워할 때가 많다.

그래서 이 책에서는 먼저 틱에 관한 정확한 지식을 전달하려 한다. 이를 통해 부모가 틱에 대한 막연한 걱정과 불안에서 벗어날 수 있기를 바란다. 각 사례를 통해 아이들의 특이한 행동에 대해 이해하며, 가정과 학교에서 부모와 선생님이 상황별로 잘 대처할 수 있도록 하였다. 그리고 틱으로 인해 지친 아이와 엄마가 함께 힐링하는 방법들을 담았다.

아주 작고 사소한 차이가 커다란 변화를 만든다고 말한다. 엄마의 작고 사소한 변화와 이해가 아이의 틱에 커다란 영향을 줄 수 있다. 조금 더 분명하게 아이의 틱을 이해하고, 조금 더 현명하게 대처할 수 있기를 바라는 마음으로 많은 이야기들을 이 책에 담았다.

여러 아이들을 볼수록 더욱 깨닫게 되는 것이 있다. 그것은 바로 모든 아이는 특별하다는 것이다. 틱이 있다고 해서 이러한 특별함은 사라지지 않는다. 그리고 틱이 있더라도 아이는 여전히 성장한다. 틱은 극복할 수 있는 질환이고, 틱이 있어도 행복하고 건강하게 자라며 자신의 꿈을 키워나갈 수 있다. 아니 꼭 그래야만 한다.

이 책이 틱 장애를 가진 아이를 양육하는 부모에게 큰 격려와 용기가 되길 바란다.

끝으로 부족한 아들을 한없는 사랑으로 보듬어주신 부모님과 언제나 내 곁에서 힘이 되어주는 아내, 틱 장애에 대해 많은 가르침을 주신 유영수 교수님과 위영만 원장님, 출판에 있어 물심양면 도움을 준 박선희 에디터님께 감사의 말씀을 드린다.

김대현

Contents

Chapter 01 말도 소문도 많은 틱, 대체 무엇일까?

Chapter 02 틱이 와도 아이는 계속 성장한다! 아이의 마음속 들여다보기

Chapter 03 틱이 있는 아이의 학교생활, 무작정 떨지 말자

Chapter 04 틱은 엄마 혼자가 아니라 가족 모두가 함께 보듬어야 한다

Chapter 05 엄마의 삶을 돌아봐야 아이와의 행복한 관계를 만든다!

Chapter 01

말도 소문도 많은 틱, 대체 무엇일까?

아이의
낯선 행동 앞에
당황하는 부모들

우리 아이를 보여주기가 두려워요

준영이 엄마는 작정한 듯 말을 쏟아냈다.

"이번 명절에는 정말로 시댁에 가기가 싫었어요. 이러면 안 되는 걸 알지만, 가끔은 우리 아이가 너무 창피해요. 이번에 시댁에서도 느낄 수 있었어요. 모든 사람이 우리 준영이만 바라본다는 것을. 모르는 척 넘어가려고 했지만, 그 시선들이 어디에서나 느껴지는 거예요. 물론 그분들 잘못이 아니란 걸 알아요. 모르는 척, 아무것도 아닌 척 넘어가준 것도 알고요. 하지만 그 시선을 견디기가 어려워요. 아이를 보면서 저를 향해 이야기하는 것 같기 때문이에요. 어디서 저런 여자를 만나서 장애가 있는 아이를 낳았지? 얼마나 못되게 굴었으면 아이가 저 지경이 되었을까? 사람들의 목소리가 귀에 들리는 것 같아요. 이제 익숙해질 때도 되었는데, 우리 아이가 그런 취급을 당한다는 게 아직도 너무나 마음이 아파요.

처음에는 그냥 넘어갈 수 있었어요. 증상도 심하지 않았거든요. 눈을 좀 심하게 깜박이네. 혹시 결막염이 생겼나? 이 정도였어요. 코를 씰룩거리고, 입을 오물거리긴 했지만, 아이가 저를 보고 장난치는 걸로만 생각했지요. 그나마도 좀 지나니 괜찮아지더라고요. 혹시나 해서 친구한테 물어보니 아이 때는 원래 그러다가 사라진다더라고요. 놔두면 어느샌가 없어진다고. 그런데 우리 아이는 줄어들기는 하지만 사라지지는 않는 거예요. 그때 치료를 시작했어야지 싶어요.

근데 야속하게도 남편은 잘 모르더라고요. 그이는 매일 12시 넘어서 들어오거든요. 주말에도 잠만 자고. 아이랑 있는 시간이 적으니까 아이 상태를 잘 몰라요. 그냥 네가 너무 예민한 거라고 해요. 실은 제가 좀 예민한 편이기는 해요. 엄마들 사이에서 극성맞다는 말도 꽤 듣고. 그래서 전 제가 좀 포기하고 살면 좋아질 줄 알았죠.

문제는 아이를 학교에 보내면서부터 생겼어요. 갑자기 모든 증상들이 튀어나오는 거예요. 눈은 깜박이고, 코를 찡끗거리면서 얼굴을 찡그리기 시작했어요. 얼마나 빨리 진행되는지 하루에 증상 한 개가 늘어나는 느낌이랄까? 그때 기분은 말로 표현할 수가 없어요. 하늘이 무너진다는 말이 이런 게 아닐까 싶었어요. 하지만 그건 시작일 뿐이었어요. 음성틱이 나타난 거예요. 흠흠 거리더니 킁킁거리고, 갑자기 악악 소리 지를 때도 있어요. 아이가 방에 있을 때도 소리는 들리니까 더 미치겠어요. 말하다가도 소리 지르고, 책을 읽다가도 소리 지르고. 이제는 아이와 함께 있는 시간이 너무도 고통스러워요.

한번은 남편이 준영이를 크게 혼낸 적이 있어요. 남편은 정신력의 문제라고 말하더군요. 아빠 앞에서 준영이는 꼼짝 않고 30분간 서 있어야 했어요. 아빠 얼굴을 똑바로 쳐다보면서. 그런데 신기하게도 틱이 줄어드는 거예요. 남편과 저는 매우 흡족했죠. 그런데 그것도 잠시, 다음 날 난리가 나더라고요. 쉴 새 없이 증상이 나타난 건 그때가 처음이었어요. 그 이후 아이를 혼낸다는 건 생각도 못하고 있어요."

제가 욕하는 게 아니에요

동준이를 처음 만난 건 아주 추운 겨울날이었다. 추운 날씨에도 불구하고 또래의 아이들처럼 꽉 달라붙는 바지에 얇은 점퍼를 입고 있었다. 어떤 추위도 나의 패션 열정을 꺾을 수는 없다는 듯이. 한껏 세워 올린 머리가 외모에 관심이 많다는 걸 보여주는 듯했다. 왠지 모르게 귀여운 느낌이 들어 순간 방긋 웃음이 났다.

동준이는 흔히 의사들이 '욕설틱'이라고 말하는 증상이 있는 아이다. 대화 도중 여러 번 "씨X놈아."라는 말이 튀어나왔다. 동준이 엄마는 당황해서 그럴 때마다 몇 번이고 사과했고, 동준이도 무안해 말하기를 머뭇거렸다.

"진짜로 제가 하려고 해서 욕을 하는 게 아니에요. 왜 이러는지 정말 모르겠어요. 말할 때마다 욕이 튀어나올까 봐 얼마나 조마조마한지 몰라요. 친구들이랑 웃으면서 떠들다가도 욕이 나와서 분위기가 어색해지고, 수업시간에 욕해서 선생님께 혼난 적도 있어요. 이제는 선생님도 제가 병이 있다는 것을 알아서 혼내지는 않아요. 그래도 기분이 나쁘신 것 같아요.

처음에는 제가 진짜 미쳐버린 줄 알았어요. 아무한테나 욕하고 있으니까요. 제가 봐도 미친 것 같았죠. 한번은 형한테 죽을 만큼 맞았지만 전혀 원망스럽지 않았어요. 이렇게 맞아서 좋아질 수 있다면 얼마든지 견뎌낼 수 있을 거 같았거든요."

하지만 형의 구타도 동준이의 욕설틱을 없앨 수는 없었다. 욕설은 갈수록 자주 나왔고, 말할 때만이 아니라 가만히 앉아 있을 때, 공부할 때도 튀어나왔다. 처음에는 어느 정도 조절할 수 있어서 모르는 사람들 앞에서는 참았지만, 이제는 정말 자신이 할 수 있는 것은 아무것도 없는 것 같다고 했다. 학교생활은 엉망이 되었고, 사람을 만나는 일은 피했다. 동준이는 지금도 버스나 지하철을 되도록 타지 않고, 타더라도 아무도 없는 구석에 혼자 있으려 한다.

"처음부터 욕을 한 건 아니었어요. 아이가 좀 이상하다는 건 알았지만, 제가 너무 바빠서 신경 쓸 겨를이 없었어요. 아이가 산만하다, 숙제를 안 한다, 친구들한테 심한 장난을 친다는 이야기를 여러 번 들었지만, 맞벌이 부부가 어디 학교에 갈 수 있어야지요. 부끄러운 이야기지만 아이 틱이 언제부터 시작됐는지도 몰라요. 어느 날 아이가 목을 옆으로 휙휙 돌리는 거예요. 왜 그러냐고 물어봤는데 아이는 모른다는 거예요. 눈물이 왈칵 나더라고요. 아~ 내가 아이한테 너무 신경을 안 썼구나. 내가 아이를 잘 돌봤다면 이렇게 되지는 않았을 텐데.

아이가 욕을 시작했을 때에도 그냥 사춘기려니 생각했어요. 요즘 아이들 욕 잘하잖아요. 저도 그런 줄만 알았죠. 근데 뭔가 이상한 거예요. 내용과 전혀 상관없이 욕을 하더라고요. 개그 프로그램 있잖아요. 그런 거 보다가도 욕을 하고. 이상해서 동준이한테 물어봤어요. 그랬더니 자기도 안대요. 욕을 안 하겠다고 저랑 새끼손가락까지 걸고 약속했어요. 그런데 언젠가 보니까 이게 습관이 아니더라고요.

한번은 남편 직장 동료들이 집에 왔어요. 한 분이 우리 동준이 보고 착하다고 용돈을 주셨어요. 그걸 받으면서 '고맙습니다.' 하더니 갑자기 '씨X놈아.' 하는 거예요. 정말 얼마나 창피하던지. 남편하고 아이 교육 어떻게 하는 거냐고 한바탕 싸우고. 그때 처음으로 치료해야겠다고 생각했어요."

우리 아이 왜 이럴까요?

"정말로 이것만은 물려주고 싶지 않았어요. 제가 그랬거든요."

올해 여섯 살인 민희는 엄마 뒤에 숨어서 한쪽 눈망울만 보인 채 진료실로 들어왔다. 한눈에 봐도 아주 귀여운 꼬마 아가씨다. 여느 아이들처럼 울거나 돌아다니는 일 없이 조용히 앉아 있었다. 수줍은지 항상 엄마 뒤에 숨은 채 좀처럼 앞으로 나오지 않았다.

"민희가 좀 겁이 많아요. 처음 가는 곳에서는 항상 제 뒤에 숨어버리죠. 유치원에서 친구들을 사귀면 좀 나아질까 했는데, 친구들과는 잘 지내지만 아직 어른들은 겁내는 거 같아요. 처음 유치원 보낼 땐 정말 난리도 아니었어요. 안 간다고 울고불고, 매달리고. 정말 경기를 일으킬 정도로 울어서 보내지 말아야 하나 심각하게 고민했어요. 선생님한테 전화하는 것도 눈치 보이고, 운전하는 선생님 보기도 미안하고. 한 달을 그렇게 고생시키더니, 다행히 이젠 잘 다니고 있어요.

문제는 올 초부터 보이기 시작했어요. 아이가 계속 중얼거리는 거예요. '민희야. 뭐라고 그러는 거야?' 물어봐도 대답하지는 않고. 어느 날 들어보니 '엄마 죽으면 안 돼, 엄마 죽으면 안 돼.' 그러는 거예요. 정말 심장이 쿵 떨어지는 줄 알았어요. 제가 어릴 때 그랬거든요.

어렸을 때 저도 엄마가 죽을 것 같아서 무서웠었어요. 지금 생각해보면 별다른 이유도 없어요. 그냥 갑자기 엄마가 죽을 것 같다는 생각이 들면 거기에서 빠져나올 수가 없었어요. 그래서 엄마가 잘 있나 확인해보고, 기도하고 그랬죠. 그때는 몰랐는데, 나중에 알고 보니 이걸 강박증의 일종이라고 하더라고요.

지난달부터 아이가 손을 자주 씻어요. 유치원에서 배웠는지 제가 말했는지 모르겠는데, 손을 안 씻으면 세균이 달라붙어서 더러워진다고 그랬대요. 그 말이 머릿속에 콱 박혔나 봐요. 하루에도 수십 번씩 손을 씻어대는 통에 신경이 쓰여서 제 일을 할 수가 없어요. 유치원에서도 민희가 화장실을 자주 간대요. 너무 자주 가서 선생님이 걱정되어 따라가 봤더니 그냥 손만 씻고 있더래요."

아이의 맥을 보면서 손바닥을 만져보니 주부습진이 있는 것처럼 거칠었다. 민희 엄마는 핸드크림을 계속 발라주고 있다고 말했다. 엄마의 눈시울이 붉어지는 것이 그간의 마음고생을 알 것 같았다.

"아이가 틱을 보인 것도 그때쯤인 것 같아요. 눈을 좀 깜박이더라고요. 민희 눈이 크니까 더 잘 보이잖아요. 혹시 책을 많이 읽어서 시력이 나빠진 건가 생각했어요. 며칠 뒤에는 입을 오므리더니 씰룩대는 거예요. 이건 뭐가 있다 느낌이 왔어요. 인터넷을 뒤지니 이런 걸 틱이라고 하더라고요. 강박증 하나로도 이렇게 힘든데 틱까지 오다니. 정말 믿고 싶지 않았어요. 민희가 태어날 때만 해도 이럴 거라고는 상상도 못했어요. 답답한 마음에 친정엄마한테 전화했더니, 글쎄 제가 어릴 때 그랬다는 거예요? 전 기억도 안 나는데 말이에요. 엄마랑 통화하고 나니까 오히려 마음이 편해졌어요. '절대로 내 아이한테 제 병을 물려주지 않겠다' 마음먹었죠. 이제부터 제대로 공부하고, 제대로 치료받으려고요."

고개 숙인 엄마, 답답한 아빠

"제가 죄인이에요. 엄마 자격이 없는데, 엄마 노릇을 하고 있으니 아이한테 너무 미안해요."

틱 자녀의 부모들이 느끼는 공통 감정은 바로 죄책감이다.

'혹시 내가 아이를 잘못 키운 것은 아닐까?'

'내가 아이에게 너무 많은 스트레스를 줬을까?'

'혹시 나를 닮아서 아이가 못된 병에 걸린 것은 아닐까?'

'좀 더 많은 시간을 아이와 보냈다면 좋았을 텐데….'

아이의 틱 증상이 모두 자기 책임으로 느껴지고, 만일 증상이 심해지면 그 당시에 내가 잘못한 것이 없는지 살피게 된다. 하지만 스스로 완벽한 육아를 한다고 자신하는 사람이 얼마나 되겠는가? 결국 내가 아이에게 잘못한 것들만 기억하게 되고 '나쁜 엄마'라는 딱지를 자신에게 붙이고 만다. 이러한 딱지는 죄책감을 키우는데다가 육아의 자신감을 떨어뜨리고, 자녀양육의 주도권을 잃어버리게 한다. 아이에게 미안한 마음이 들어서 아이가 원하는 대로 해주고, 그러면서 또 아이가 제멋대로 되지는 않을까 걱정하게 된다. 그래서 또 아이를 다그치게 되고, 또다시 후회하고 죄책감을 느끼는 악순환에 빠진다.

우리는 아이가 다리를 다쳤을 때, 왜 절뚝거리냐고 혼내지 않는다. 아이가 다니는 곳에 있는 위험한 장애물들을 치우고, 다음에 다치지 않도록 조심하라고 일러줄 것이다. 내가 옆에서 잘 봤어야 한다며 자책하거나 평생 장애가 남을까 봐 걱정하기보다는 상처 크기나 부상 정도에 따라 적절한 치료를 한다.

틱 아동의 부모들도 다르지 않다. 틱 증상을 심하게 만드는 행동들은 아이가 피하게 하고, 틱의 경과를 미리 알아 두려움을 극복해야 한다. 또한 틱을 전문으로 치료하는 곳에서 치료를 받고 아이 정서에 도움이 되는 요법들을 병행하는 것이 좋다.

틱은 엄마의 잘못도, 아이의 잘못된 습관도 아니다. 다리를 다친 아이에게 별 문제가 없는 것처럼 틱이 있는 아이 역시 문제가 없다. 별탈 없이 학교생활을 할 수 있고, 친구 관계도 정상이다. 학교성적 역시 지장을 주지 않는다.

그러나 틱은 밖으로 쉽게 드러나는데다 오랫동안 지속되기 때문에 아이들에게 큰 짐이 된다. 한참 감수성이 예민한 나이에 친구들의 놀림이나 따돌림, 사람들의 불편한 시선을 받아 평생 지우지 못할 상처를 입기도 한다. 이것은 부모도 마찬가지다. 내 아이지만 창피하고 아이와 함께 사라져버리고 싶은 마음이 누구나 한 번쯤 들게 된다. 미리 안다고 해서 그 힘듦이 사라지지 않는다. 하지만 불안함이 줄어들고, 다가올 미래를 예측하고 대처할 수 있다.

그동안 알려지지 않은 진실 VS 범람하는 오해

우리나라 사람들은 남의 일에 참견하기를 좋아한다. 수십 년간 농사를 지어온 우리 아버지 밭에다 대고, 지나가는 등산객들이 깻잎은 순을 따야 한다느니, 고추 약은 수확 전에 뿌려야 된다느니 참견을 했단다. 아버지는 아예 오가피나무로 울타리를 해버리셨다. 농사가 안되도, 잘되도 결국 내가 먹는데 참 알 수 없는 심리다. 오죽하면 사귀면 결혼해라, 결혼하면 애 낳아라, 첫째 낳으면 둘째 낳아라 한다고 하지 않는가?

아이에게 틱이 생기면, 여기저기에서 자칭(?) 전문가들이 나서는 것을 볼 수 있다. 아이를 따끔하게 혼내야 한다, 어깨를 꽉 조여서 움직이지 않게 해야 한다, 학교에 가면 공부하느라 정신없어서 저절로 사라진다는 등 많은 이야기가 들려온다. 일부는 정말 일리 있고 아이 증상에 도움이 된다. 하지만 보통은 근거 없고 치료를 늦춰서 오히려 증상이 심해질 수도 있다.

틱 장애는 우리나라에 알려진 지 오래되지 않았고, 최근에서야 일반인들에게 익숙해진 질환이다. 그만큼 미신이나 민간요법에 가까운 것들이 널리 퍼져 있다. 우리는 틱에 대해 얼마나 알고 있을까? 그중 자주 물어보는 몇 가지를 골라보았다.

그냥 놔두면 좋아지더라?

준영이의 틱 증상을 본 어른들이 가장 자주 하는 말은 바로 '놔두면 좋아지니 걱정하지 마라'는 것이었다. 친정 엄마부터 소아과 의사까지 틱은 왔다가 지나가는 감기 같은 거라고 말했다. 하지만 준영이의 증상은 갈수록 심해졌고, 엄마는 과연 이 병이 나을 수 있는 것인지 의심이 늘어났다.

틱이 세상에 알려진 것은 프랑스 의사인 '조르주 질 드 라 투렛'에 의해서다. 하지만 그의 발표 이전부터 분명 틱은 존재했을 것이고, 이 틱 증상을 지켜본 어른들은 경험으로 틱이 저절로 사라지는 경우가 있음을 알았을 것이다. 그냥 놔두면 좋아진다는 말은 경험만이 아니라 통계적으로도 일리가 있다.

틱 장애는 모든 문화권과 국가에 존재하며, 조사에 따라 다르지만 3~15%의 유병율을 보인다. 그중 만성 틱장애로 가는 것이 1.5~3% 정도이니 2/3 정도는 일과성으로 사라진다고 볼 수 있다.

DSM-5(정신질환 진단 및 통계편람)에서는 일과성과 만성의 구분을 1년으로 둔다. 그러나 임상적으로 볼 때 1년 동안 틱을 두고 보는 건 부모와 아이에게 매우 힘든 일이며, 실제로 4주 이상 틱이 지속되는 경우 만성으로 진행될 가능성이 매우 높았다. 저절로 사라지는 틱은 주로 음성틱 없이 단순 근육틱이고, 일반적으로 4주를 넘지 않는다. 근육틱과 음성틱을 동반하는 투렛 장애의 경우 성인까지 이어질 확률이 단순 근육틱에 비해 현저하게 높고, 증상 호전도 더딘 편이다.

결론적으로 그냥 놔두면 좋아진다는 말은 일부 옳다. 단 4주를 넘지 않고, 눈 깜박임이나 얼굴 찡그림 등 단순한 근육틱만 보일 경우에 그렇다. 만약 여기에 해당하지 않는다면 전문의의 상담이나 치료가 필요하며, 만성이 되거나 재발 가능성에 대해 준비하는 것이 좋다.

아이가 장난치느라 일부러 그러는 것이다

불과 몇 년 전만 하더라도 아이가 틱을 하면 장난을 치거나 나쁜 버릇이 생긴 줄 알고 아이를 혼내는 부모들이 많았다. 이제는 틱에 대한 정보가 많아서 그런지 그런 부모들은 확연히 줄어들었다.

아이가 눈을 깜박이거나 입을 오물거린다면 처음 틱을 본 사람 눈에는 아이가 장난치는 것 같기도 하다. 아이가 헛기침을 계속 하거나 '흠흠' 소리를 낼 때 역시 마찬가지다. 특히 아이의 증상이 좋아졌다 나빠졌다를 반복한다면, 그래서 이제 사라졌나 싶었는데 다시 나타난다면 아이가 일부러 그러는 것 같다는 생각이 강하게 들기 마련이다.

아이에게 "○○야. 너 왜 눈을 자꾸 깜박이는 거야?"라고 물어보면, 아이들은 대부분 "몰라."라고 말하거나 도망쳐버린다. 그래서 부모는 아이가 장난을 치는 것이 확실하다고 생각해버릴 수 있다. 사실은 아이가 자기 증상을 인식하지 못하는 경우가 대다수이고, 혹은 부모의 질문에 겁을 먹어 상황을 모면하려는 경우가 많다. 부모는 장난이나 나쁜 버릇이라고 생각하여 아이에게 따끔하게 혼을 낸다. 혹은 '다시는 그러지 말자'며 아이가 지킬 수 없는 약속을 강요한다.

특히 맞벌이로 인해 아이의 양육을 할머니가 도맡는 경우 이런 일이 자주 일어난다. 아무래도 예전 교육방식을 따르고, 아이를 도맡는다는 책임감에서 나온 조급증 때문이 아닐까 생각한다. 아무튼 아이가 자주 혼나고 지적당하다 보니 어느샌가 위축되고, 틱이 전보다 더 자주 나타난다.

분명히 말하지만 틱은 '본인의 의지와는 관계없이' 나타나는 근육의 움직임이나 소리다. 잠시 동안은 의식적으로 억제할 수 있지만, 나도 모르게 다시 발생한다. 준영이의 경우 아빠가 이 사실을 몰랐기 때문에 크게 혼내는 잘못을 범했다. 그러나 대부분 그 결과는 좋지 못하다. 아이가 불안해서 오히려 증상이 심해지기 때문이다.

틱은 유전병이다?!

그렇다. 많은 연구들이 틱에 유전적 요인이 많다는 것을 말해준다.

엄마가 틱과 강박증이 있었던 민희처럼 부모가 틱을 가진 경우도 종종 있다. 부모의 증상은 어릴 때 있다가 사라졌거나 또는 어른이 돼서도 남아 있다. 혹은 부모에게는 없더라도 형제나 친척에게서 나타나는 경우가 있다. 심한 틱 장애인 투렛 장애는 특히 아버지에게 같은 장애가 있는 경우가 많다고 한다.

틱 장애는 일란성 쌍생아에서 50~66%, 이란성 쌍생아에서 8%의 일치율을 보인다. 투렛 장애의 경우 더욱 높아 일란성 쌍생아는 77~94%, 이란성 쌍생아는 23%로 나타났다. 이란성 쌍생아에 비해 일란성 쌍생아의 일치율이 높다면 유전적 소견이 있다는 것을 나타낸다. 다만 아직 틱에 관련된 유전인자를 정확히 밝혀내지 못했고, 하나의 유전자가 관여하는 것은 아니라고 알려졌다.

틱을 유발하는 유전자는 강박증과 밀접하게 연관되어 동일한 유전자가 두 질환을 함께 일으키는 것으로 보고 있다. 그래서 틱을 가진 부모 밑에서 강박증을 지닌 자녀가 태어나기도 하고, 강박증을 가진 부모 밑에서 틱을 가진 자녀가 태어나기도 한다. 또한 틱을 지닌 아이가 갑자기 강박증을 함께 보이기도 한다. 그러나 이러한 유전인자가 있다 해도, 아무런 문제나 증상이 없을 수도 있다.

임신 중에 약을 복용하거나, 탯줄이 태아의 목에 감기거나, 아기가 황달에 걸린 경우, 아기가 일찍 태어나 미숙한 경우, 제왕절개나 매우 긴 산통 등 출산의 어려움이 있었던 경우 등에 틱 장애 가능성이 높다는 연구결과가 있다. 그 밖에 생활양식이나 아이에게 일어나는 여러 사건 등의 영향을 받기에 더 큰 연구가 필요할 것으로 보인다.

엄마가 잘못 키워서 그렇다?

우리 병원에는 틱 평가지에 왜 틱이 발생한 것 같은가를 부모에게 물어보는 칸이 있다. 그중 가장 많이 나오는 대답은 잘못된 양육방식, 아이의 과도한 학습 스트레스, 좋지 않은 모자관계, 경직된 가정환경 등이다. 이는 오랫동안 틱에 대해 공부한 부모도 마찬가지인데, 아무래도 아이 잘못은 부모 책임이라는 인식 때문이 아닐까 한다.

기본적으로 틱은 부모가 잘못 키워서 생기는 것이 아니다. 아무리 양육방법이 잘못되었다고 해도 틱이 생기지 않을 아이에게 틱은 발생하지 않는다. 감기나 홍역처럼 어느 아이에게나 올 수 있는 질환이 아니란 말이다. 틱 장애는 유전 요인을 가장 큰 원인으로 본다. 그렇다면 양육이 아이의 틱에 전혀 영향을 미치지 못하는가? 그렇지는 않다.

나는 가끔 예민한 엄마들에게 "엄마가 잘못 키워서 틱을 하는 게 아닙니다."라고 말한다. 틱으로 인해 심하게 자책하거나 우울증에 빠진 엄마들은 이 말에 큰 힘을 얻는다. 그런데 가끔 분명 잘못된 육아법을 하는데도, 이 말만 믿고 아무런 행동도 고치려 하지 않는 부모도 있다. 이런 때는 정말 당황스럽다.

틱의 원인이 아니라는 것과, 틱 치료에 도움이 된다는 것은 분명 다른 말이다. 좋은 부부관계, 따뜻한 모자관계, 적절한 칭찬과 보상은 틱 치료에 많은 도움이 된다. 가정환경이 불우하거나 아빠가 폭력적인 경우, 엄마와 애착관계에 이상이 있는 경우 확연히 치료가 늦고 다른 장애와 동반하는 일이 많다. 좋은 엄마, 아빠가 되기 위해 노력하는 것은 틱을 가진 아동을 위해 반드시 필요하다.

아이 머리가 나빠지는 건 아닐까?

동준이는 유치원에서 똑똑하다고 소문이 난 아이였다. 재치가 넘치는데다가 뭐든지 한 번 알려주면 척척 해내서 선생님들의 귀여움을 독차지했다. 초등학교에 가서도 크게 다르지 않았다. 수업시간에 자주 돌아다니고, 숙제를 안 해서 선생님한테 혼난 적은 있지만 머리가 좋다는 말을 많이 들어 엄마는 크게 걱정하지 않았다. 문제는 동준이가 4학년에 올라가면서부터다. 담임선생님과 학기 초부터 삐거덕대더니, 한번은 같은 반 여자아이를 심하게 때렸다는 것이다. 학교뿐만 아니라 집에서도 반항하기 시작했고, 엄마한테 말대꾸 횟수도 늘어났다. 성적도 곤두박질쳐서 중학교 3학년인 현재 중하위권을 맴돌고 있다. 동준이 엄마는 틱이란 병이 똑똑한 아이를 망쳐버렸다고 생각한다.

틱은 사실 아이의 지능이나 성격, 성적과는 관련이 없다고 알려져 있다. 그런데 실제로 많은 엄마들은 아이들의 성적이 떨어졌다고 이야기한다. 왜 그럴까? 첫째, 동반 장애의 영향일 수 있다. 틱을 가진 아이 중 40~50%는 ADHD를 함께 앓고, 25~30%에서 반행장애, 품행장애를, 25%는 학습장애가 함께 있다. 이것들은 모두 아이들의 주의력을 떨어뜨리고 학습효율을 방해한다.

둘째, 정서적 불안정으로 인해 아이가 공부에 집중 못할 수 있다. 틱은 이상한 버릇처럼 보이므로 선생님에게 지적을 당하거나 친구들에게 놀림, 따돌림을 받을 수 있다. 이것은 아이에게 보이지 않는 상처가 되어, 학교에 가기 싫어하고 친구들과 어울리지 않게 된다. 심한 경우 아이가 우울해하며 대인공포 같은 불안 증세를 보인다.

부모가 먼저 틱을 제대로 알아야 한다

"도대체 틱이 뭐야?"

오랜만에 대학 동창을 만난 준영이 엄마는 친구에게 되물었다. 준영이를 본 지 채 5분이 되지 않아 그 친구가 준영이의 틱이 의심된다고 이야기했기 때문이다. '틱이라니.' 준영이 엄마는 아직까지 그런 단어를 들어본 적조차 없다. 길을 걷다가 얼굴을 찡그리거나 어깨를 들썩이는 아이를 본 적은 있지만, 설마 그것이 병일 거라는 생각은 해본 적 없었다.

'내가 너무 무심했던 건 아니었을까?'

친구의 이야기에 준영이 엄마는 자신의 무지와 무관심에 화가 나기 시작했다. 대화의 주제는 온통 준영이에게 집중됐고, 친구들이 너도 나도 한마디씩 거드는 통에 그녀의 머릿속은 뒤죽박죽 되어버렸다.

언제부터였을까? 틱이란 말이 의사들 사이에서 많이 언급되고, 엄마들 사이에서도 낯설지 않게 되었다. 익숙해진 만큼 우리는 틱을 많이 알고 있는가? 이에 대해서는 '그렇다'라고 말하기 어렵다. 의사들도 틱의 감별이 쉽지 않고, 원인이나 경과에 대해서 잘 모르는 경우가 많다. 일반인들은 두말할 나위가 없다. 아는 것이 힘이라지만, 너무 많은 지식에 허덕이는 시대다. 좀 더 명확하고, 이해하기 쉽게 틱에 대해 알아보도록 하자.

틱이란 무엇인가?

틱 장애(Tic disorder)는 얼굴 근육이나 신체의 일부가 자기 의지와 관계없이 갑자기 움직이거나 이상한 소리를 내는 것을 말한다. 틱은 갑작스럽게 생기고, 동일한 증상이 반복되어 발생한다.

갑작스럽다는 것은 일상생활 도중 불시에 증상이 나타난다는 의미다. 공부하거나 말을 할 때, TV를 보거나 게임할 때 나도 모르게 얼굴을 찡그리거나 소리를 낸다. 자기 의지와 관계가 없다는 것은 내가 의

도해서 움직임이나 소리를 만드는 것이 아니라는 뜻이다. 일부러 한 것이 아니므로 버릇이 아니며 스스로 조절할 수 없다. 틱을 설명하는 데 '불수의적'이란 말이 자주 보이는데 같은 의미다. 나이가 들면서 짧은 시간 동안은 틱을 멈출 수 있는데, 그래도 한나절을 넘기지는 못한다.

틱은 어린 시절부터 발생하는데, 일반적으로 만 5~6세에 시작된다. 증상이 심해졌다 좋아졌다를 반복하며, 완전히 사라졌다가 다시 나타나기도 한다. 증상은 일반적으로 눈 깜박임에서 시작한다. 조금 더 진행되면 얼굴 찡그리기, 입 벌리기, 턱 당기기, 목 빼기, 어깨 돌리기, 배 튕기기 등 점차 얼굴에서 몸으로 내려온다. 얼굴에서 어깨, 배, 사지로 내려올수록 증상이 악화되는 것이고, 몸 증상이 사라지고 얼굴에만 나타난다면 호전되는 것이다. 따라서 아이의 증상 변화를 보면 틱이 좋아지고 있는지, 나빠지고 있는지 판단할 수 있다.

이상한 소리를 내는 경우 처음에는 헛기침이나 흠흠, 킁킁거림으로 시작한다. 더 진행되면 '아' 소리를 내거나 '악악' 크게 소리를 지르기도 한다. 단어에 특정한 악센트를 주거나 동물 울음소리 같은 이상한 소리를 내기도 하며, 같은 말을 반복하거나 남의 말을 따라 하기도 한다. 역시 뒤의 증상이 나타날수록 악화되는 것이고, 이 증상이 사라지면서 헛기침이나 킁킁거림만이 보인다면 호전되는 것이다.

이상한 소리는 내지 않고 근육만 움직이는 경우가 80% 정도로 가장 많고, 나머지 20%는 근육 움직임과 소리를 동반한다. 일반적으로 근육 움직임이 먼저 보이고 소리가 뒤에 나타난다. 간혹 소리만 내는 틱만 호소하는 경우가 있는데, 개인차가 있기 때문에 내가 이상한 것이 아닐까 걱정할 필요는 없다.

10살 이상의 학생이나 성인은 '전조감각'을 느낄 수도 있다. 전조감각이란 틱이 일어나는 부위나 그 주위에 답답한 느낌이나 간지러운 것, 쑤심, 뻐근함을 느끼는 것을 말한다. 보통 틱 증상이 나타나기 직전에 느끼는데, 틱이 나타나고 나면 이러한 느낌은 바로 사라지거나 강도가 약해진다. 의도적으로 틱 증상을 억제하면 이 전조감각이 더욱 강해질 수 있고, 추후 발작적으로 증상이 나타날 수도 있다.

머리가 지끈지끈, 어려운 틱 용어

준영이 엄마는 친구들과 헤어지고 집에 돌아와 바로 컴퓨터를 켰다. 뉴스와 블로그, 질문 글들을 읽으면서 나 말고도 많은 사람들이 틱으로 고생한다는 걸 아니 조금 마음이 편해졌다. 1시간 넘게 검색하면서 준영이 엄마는 궁금증이 생겼다.

'우리 준영이는 과연 어느 정도로 심한 걸까?'

'그걸 확인할 수 있는 방법이 있을까?'

'복합틱이라는 건 정확히 뭘까?'

'만성이란 언제부터를 말할까?'

머리가 지끈지끈 아파오는가? 두려워 말고 지금부터 어려운 틱 용어를 하나씩 살펴보자.

● 근육틱

운동틱, 신체틱이라고도 부른다. 하나 혹은 다양한 근육이 결합된 근육 움직임으로, 단순 운동이나 행동이 반복된다. 근육틱이 가장 흔하게 보이는 곳은 얼굴과 머리다. 몸통과 다리에 보이는 경우는 드물고, 얼굴과 머리의 증상이 진행된 후 나타날 가능성이 높다.

● 음성틱

정형화된 소리나 소음, 단어, 혹은 억양이나 톤 등 음성으로 나타나는 반복적인 소리다. 음성틱이 나타난다면 근육틱보다 조금 더 진행된 것으로 본다.

● 단순틱

하나의 특정 근육이 움직이거나 하나의 음성이 나타나는 것이다.

● 복합틱

좀 더 다양하고 복합적인 근육을 이용한 자세나 행동, 단어나 음향을 말한다. 단순틱이 나타난 후에 복합틱으로 진행된다. 복합틱이 보인다면 상당히 진행된 것으로 완치가 어렵고 성인까지 증상이 남을 가능성이 높다.

단순 근육틱	복합 근육틱	단순 음성틱	복합 음성틱
• 눈 깜박이기 • 안구 움직이기 • 얼굴 찡그리기 • 콧등 찡끗거리기 • 입 벌리기 • 혀 내밀기 • 입술 삐쭉거리기 • 머리 끄덕이거나 흔들기 • 턱 빼기 • 어깨 으쓱거리기 • 팔다리 흔들기 • 손가락 관절 구부리기 • 배 튕기기	• 걷다가 껑충 뛰어오르기 • 입술을 깨물거나 뜯기 • 몸 비틀기 • 한 바퀴 빙글 돌기 • 사물 만지기 • 남의 신체 만지기 • 입 맞추기, 핥기 • 자신을 때리기 • 몸을 구부리는 등 특정한 자세 • 외설행동 • 남의 행동 따라 하기(모방행동)	• 헛기침하기 • 킁킁거리기 • 딸꾹질과 비슷한 소리 • 한숨 쉬기 • 콧바람 불기 • '음음' 거리기 • '훗훗' 소리내기 • '아아', '악악' 소리 지르기 • 휘파람 소리내기	• 남의 말 따라 하기(반향언어) • 특정 단어 되풀이(동어반복) • 특정 음절 되풀이 • 동물소리와 유사한 소리내기 • 특이한 강세, 톤, 속도, 억양 • 외설적인 언어

● 감각틱

목에 긴장감이나 불편함을 느끼는 등 전체적으로 초조함, 불안, 분노 또는 다른 정신적 느낌을 받는 것을 말한다. 틱이라기보다는 전조감각이나 전조감각 충동이라는 전조증상에 가깝다. 때문에 전조감각이라고 부르는 것이 좋다.

● 일과성 틱 장애, 만성 틱 장애

일과성과 만성을 나누는 기준은 틱이 발생한 기간이다. 4주에서 1년 사이를 일과성 틱 장애라고 하고, 1년 이상 지속되는 경우 만성 틱 장애라고 한다.

● **투렛 장애(뚜렛 장애)**

검색을 하다 보면 틱과 투렛 혹은 뚜렛이라는 말이 혼용된다. 투렛이란 용어는 틱에 대해 최초 사례 발표를 한 질 드 라 투렛(Gilles de la Tourette)이라는 프랑스 내과의사의 이름에서 딴 것이다. 1년 이상 지속되는 틱 장애 중 음성틱과 운동틱이 동시에 보이는 것을 투렛 장애라고 한다. 'TS'라고 약자를 쓰는데, 이는 'Tourett's syndrome'의 앞 글자를 따서 말하는 것이다.

틱이 생기는 원인은 뭘까?

시대가 변하면서 같은 증상인데 이름이 달라지는 일이 있다. 정신과 질환을 보자면, 흔히 간질병으로 부르던 것을 이제는 뇌전증이라 부르고, 정신분열증보다는 조현병이라는 용어를 더 흔하게 쓴다. 아무래도 간질이나 정신분열증이라는 단어가 주는 부정적인 이미지가 부담되었기 때문인 듯하다.

병의 원인을 설명하거나 치료하는 데는 시대에 따른 변화가 더욱 심하다. 한때 틱 장애의 원인을 적대적인 가정환경이나 부모 갈등으로 본 적이 있다. 이로 인한 분노가 몸 밖으로 표출된 것이 틱이라는 것이다. 불과 20~30년 전만 해도 '심인성 틱 장애'라는 진단명이 흔했다. 즉 틱이 마음에서 비롯된다는 의미다.

이제는 틱 연구가 많이 이루어져 심리적인 원인보다는 유전적, 신경학적 원인에 의한 유전적 발달장애로 본다. 유전적 요인은 앞서 언급했듯이 매우 명확하다. 단, 단일유전자의 영향보다는 복합적인 유전인자가 작용할 것으로 예측된다.

우리의 뇌는 한 부위에서 한 역할만 맡는다기보다는 여러 부위가 함께 회로를 이룬다. 이 회로를 거쳐 조율된 정보가 잘 조절된 작용을 한다. 틱은 뇌의 특정 회로에 문제가 생기는 것으로 생각된다. 이 회로는 '피질–선조체–시상–피질 회로'라 하는데 운동 조절을 한다. 우리가 특정 운동을 계획하면 이러한 신호가 적절하게 통제, 조절된 후 다시 전두엽의 운동영역으로 전해져 실제 운동을 하게 된다. 이 운동을 미세하게 조절하고 억제해주는 곳이 바로 선조체다. 틱이란 이 선조체의 이상으로 생긴다.

틱의 원인을 설명하는 글에서 '기저핵의 기능 이상'이라는 말을 봤을 수도 있다. 기저핵이란 이 선조체를 포함하는 더 큰 구조를 말한다. 따라서 기저핵의 기능 이상이나 선조체 이상은 동일한 의미다. 기저핵은 불필요한 동작이 안 나오도록 비활성 근육을 억제하는 역할을 한다. 이것을 '피질–선조체–시상–피질 회로' 중에 간접회로라고 말한다. 이 간접회로가 잘 작동하지 않아서 의도치 않은 동작이 나오는 것이 바로 틱 장애다.

뇌 영상이나 혈류량을 측정한 연구에서도 투렛 아동과 성인 모두 기저핵의 일부(특히 미상핵)에서 용량이 줄어들었으며, 혈류량 역시 줄

었음을 보여준다. 그 밖에 아이가 태어날 때의 상황과 틱이 연관 있다는 보고도 있다. 출생 당시 저체중, 미숙아, 태아 위치의 이상, 임신중독증, 태반 이상, 탯줄이 목을 감은 경우, 매우 긴 산통 혹은 임신 중 심각한 입덧 등을 보이면 틱 발생률이 더 높다. 그러나 이것은 유전적 영향이 있는 아이의 이야기다. 틱이 나타날 가능성이 더 높아진 것으로 봐야지 직접 원인으로 봐서는 안 된다.(참고도서 《틱장애/뚜렛 장애의 이해와 치료》 임명호 지음)

어떤 연구에서는 연쇄상구균의 감염으로 틱이 나타난다고 보고했다. 감염은 치매나 정신분열병과 같은 정신과 영역에서 새롭게 대두되는 분야다. 아직 확실한 것은 알 수 없지만 역시 직접 원인으로는 볼 수 없다.

도파민과 세로토닌에 대해

틱을 설명하는 또 다른 방법은 신경전달물질이라는 화학물질을 이용한 것이다. 신경전달물질이란 한 신경세포에서 다른 신경세포로 정보를 전달하는 일련의 물질들이다. 호르몬이 혈관 안에서 혈액을 타고 표적기관으로 이동한다면, 신경전달물질은 신경세포와 신경세포 사이를 연결해 정보를 전달한다.

이러한 신경전달물질은 현재 수십 종류가 발견되었는데, 그중에 도파민과 세로토닌 물질이 틱과 주로 연관 있다고 본다. 또한 글루타메이트, GABA, 노르에피네프린 등도 일부 틱과 관련 있다고 알려져 있다. 뇌가 성장하는 과정에서 도파민의 기능과다와 세로토닌의 기능감소로 불균형이 생길 수 있다. 이 불균형이 틱을 일으키고, 이 불균형이 생기는 과정에 유전적 요인이 작용한다.

특히 도파민이 과도하게 분비되거나 도파민 수용체가 과민하면 기저핵 부위의 장애를 일으킨다. 이로 인해 의도하지 않은 운동과 음성이 나온다. 현재 틱에 쓰는 신경이완제 같은 약물은 대부분 이 도파민 과다를 줄이는 용도다. 도파민 수용체 활동을 억제해 도파민 전달량을 줄인다.

쉽게 말해 '도파민이 많아서 틱이 생겨요'라고 해도 큰 무리가 없다. 이 도파민 문제는 강박증이나 ADHD 같은 질환과도 연관된다. 도파민의 영향으로 틱 환자에게 강박증이나 ADHD가 잘 동반되는 것이다. 동반장애는 뒤에서 자세히 다루겠다.

원래 이런 걸까? 몰라서 더 불안해지는 엄마들

"우리 아이가 얼마나 심각한 건가요?"

상담 중 가장 많이 듣는 질문 중 하나다. 내 대답에 아이의 미래가 결정되기라도 하듯이 부모의 눈빛은 간절하다. 불안이 심한 엄마들에게 아이가 심각하지 않으니 걱정 말라고 안심시키기도 하지만, 질환의 정도는 예후와도 관련 있기에 마냥 괜찮다고 할 수만은 없다.

아이와 함께 병원에 오는 부모들이 불안한 것은 당연하다. 그것이 뇌신경이나 아이 발달과 관련 있다면 더욱 그럴 것이다. 그러나 이 불안이 넘쳐 부부관계와 가정 분위기를 망치고, 자녀의 미래에 악영향을 준다면 이보다 나쁜 것은 없다.

틱이 비록 유전과 관련된다고 하지만 아이 증상이 어떻게 변할지, 이것이 아이의 인생에 어떠한 영향을 줄지는 알기가 어렵다. 여러 검사결과와 아이의 증상변화를 가지고 통계적으로 예상해볼 뿐이다. 틱은 개인차가 크기 때문에 모든 사람에게 맞는 법칙을 이야기할 수는 없지만, 일반적인 경향성은 존재한다. 이러한 것을 미리 안다면 부모는 덜 불안해지고 '우리 아이가 왜 이러지? 뭔가 잘못된 건가?'라는 생각은 하지 않을 것이다.

좋아지다 다시 심해지는 건 왜일까?

우리 아이가 언제 이렇게 컸지? 매일 같이 보는 아이들이 갑자기 부쩍 자란 느낌이 들 때가 있다. 키도 커진 거 같고, 분위기가 어른스러워진 것이 어제와는 다른 사람 같다. 틱도 마찬가지다. 매일 같은 증상인 듯하지만, 어느샌가 다른 증상이 나타나고 다르게 행동한다.

우리가 미세한 변화를 알아차리기 어렵기 때문에 똑같아 보일 뿐, 틱 증상은 매일 조금씩 변하고 횟수와 부위가 달라진다. 이는 개인차가 매우 커서 어떤 아이들은 눈 깜박임이나 얼굴 찡그림만 몇 년간 하고, 또 어떤 아이들은 다양한 증상들이 함께 있다 사라지는 것이 대중

없기도 하다. 증상이 심해지는 계기가 명확할 때도 있지만, 많은 경우 특별한 이유 없이 증상이 늘거나 사라진다. 증상이 줄었다 늘어나는 것은 틱의 가장 일반적인 현상이다.

틱 증상의 증감에 가장 큰 영향을 미치는 것은 나이다. 틱은 일반적으로 만 5세 무렵 시작하여, 청소년기에 가장 심해지고, 이때의 치료 경과에 따라 성인기까지 남을지 여부가 결정된다. 틱 초기에는 대부분 눈 깜박임이나 얼굴 찡그리기, 턱 당기기 정도인 얼굴 주변의 단순 근육틱이나 헛기침, 흠흠 대기 같은 음성틱만 있다. 몇 달이 지나면 횟수가 줄기도 하고 범위가 늘지 않아 크게 걱정하지 않는다. 그러다 1~2년 후에 틱이 심해지고, 횟수가 더 늘어난다. 전에 나온 증상들이 모두 나타나고, 어깨를 들썩이거나 배를 튕기는 등 다른 증상이 추가되기도 한다. 이즈음 나이엔 유치원이나 학교에 다닐 때라 선생님이나 친구들이 알고 부모의 걱정이 늘어난다. 그래서 가장 치료를 많이 시작하는 시기가 이 무렵이다. 이때 적절한 치료를 받으면 증상이 완전히 사라지기도 하고, 남더라도 미세한 증상만 보인다.

가장 증상이 심한 시기는 만 10~15세 무렵이다. 이제까지 나온 증상 중 가장 심한 형태이고, 종류도 많아진다. 증상마다 독특한 특징이 더해지기도 하며 이상한 자세나 외설행동, 욕설틱이나 반향언어 같은 복합틱 형태도 보인다. 이 시기가 가장 중요한데, 이때 틱이 적절히 사라진다면 성인이 되어 재발 가능성이 상당히 줄기 때문이다. 틱이 성인까지 이어지는 경우 청소년기보다 증상이 심해지지는 않는다. 증상은 일정하게 유지되며, 40대 이후에는 조금씩 줄어든다.

또한 계절과 날씨의 변화 역시 증상에 영향을 미친다. 더위를 많이 타고 땀이 많은 아이들은 여름에 증상이 심해졌다가 날이 선선해지면 줄어든다. 축농증이나 비염이 있으면서 음성틱을 하는 경우 환절기에 비염이 심해지면 음성틱도 증가할 수 있다. 또한 폭풍우가 치거나 번개가 치는 등 아이가 놀라거나 겁먹는 경우 일시적으로 더 심해진다.

학교에서는 괜찮다던데 왜 집에서만 그럴까?

"선생님은 전혀 모르셨다고요?"

유치원 선생님과 면담을 마친 민희 엄마는 뜻밖의 소식을 들었다. 집에서는 수시로 입을 오므리고 씰룩대던 아이인데, 유치원에서는 전혀 그렇지 않는다는 것이다. 혹시 선생님이 아이에게 무심한 걸까 싶어 민희를 주의 깊게 봐달라고 부탁했지만, 며칠 후에도 대답은 같았다. 혹시 내가 너무 민희에게 엄격하게 굴어서 나를 무서워하는 건가 했지만 특별히 그런 느낌은 들지 않았다. 혹시 집에 있으면 불편하냐고 민희에게 물어보았지만, 집도 엄마도 다 좋다는 대답뿐이다.

가끔씩 민희와 같은 현상 때문에 걱정하는 부모들이 계신다. 집에서는 매일 증상을 보이는데, 학교에서는 그렇지 않거나, 혹은 확연하게 덜하다고 말한다. 불우한 가정환경이나 경직된 집안 분위기 탓인가 걱정하지만 특별히 그런 가정에서만 보이는 현상은 아니다.

이에 대해서 정확한 이유는 알 수 없으나, 학교에서 느꼈던 긴장감이나 자제력이 집에서는 떨어지면서 증상이 나타나는 것으로 생각된다. 유치원이나 학교에서는 선생님도 있고 친구들도 있기 때문에 긴장하고 자제하지만, 집에서는 아무래도 긴장을 풀고 자제력도 떨어진다. 같은 이유로 가족이나 친한 친구 앞에서는 잘 나타나던 틱이 낯선 사람이나 오랜만에 만난 친척 앞에서는 보이지 않기도 한다. 익숙지 않은 친구 집이나 식당, 병원에 가면 더 심해지는 경우도 있지만 증상이 일시적으로 줄어드는 일이 더 많다. 그래서 치료를 하다 보면 학교나 병원에 비해 엄마, 아빠 앞에서 틱이 가장 늦게 없어지고, 부모가 틱을 발견하지 못한다면 틱이 사라졌다고 가정할 수 있다.

또한 틱 증상은 오전에는 덜했다가 오후에 심해지는 경향이 있다. 이유는 모르겠지만 굳이 꼽자면 아이의 피로 정도와 관련 있는 것 같다. 오후에도 늦을수록 횟수가 늘어나 자기 전에 증상이 가장 심하다. 아이가 어려서 여러 번 잠을 나눠 자거나 낮잠을 자는 습관이 있다면, 낮잠을 자기 직전에 증상이 심해진다. 낮잠을 자고 일어나면 증상이 다시 처음처럼 줄어들고 시간이 지날수록 다시 늘어난다.

따라서 치료 과정에서 저녁에 집에 있는데 틱이 안 보인다면 거의 사라졌다고 예측할 수 있다. 틱은 오전부터, 집 밖에서부터 좋아진다. 그래서 틱을 처음 발견하고 끝까지 지켜보는 사람은 엄마일 가능성이 높다.

왜 숙제만 하면 더 심해지나?

오늘도 동준이 방에서는 여지없이 중얼거리는 소리가 들려왔다. 아무리 무시하려 해도 들리는 소리를 막을 수는 없다. '그래, 공부하는 건데 방해하면 안 돼.' 여러 번 마음을 다잡아 보지만, 동준이 목소리가 엄마는 매우 신경 쓰인다. 동준이가 음성틱을 보인 것은 벌써 몇 년 전의 일이다. 어느 날 아이 숙제를 시키고 밥하고 있는데, 음성틱이 갑자기 심해지는 것이다. 뭔 일이 생겼나 놀라서 방에 들어갔지만, 아이는 열심히 숙제하고 있을 뿐이었다. 그런 일이 몇 번 반복되고 나니, 동준이도 공부에 집중할 때면 음성틱이 심해지는 것을 알겠다고 한다. 음성틱에 신경 쓰다 보면 오히려 공부에 집중할 수 없다니, 엄마는 이럴 수도, 저럴 수도 없는 난감한 입장에 빠졌다.

준우는 겨울에 태어난 아이가 아니랄까 봐 눈을 참 좋아한다. 이번 주말에도 아빠를 졸라 강원도 스키장에 1박2일 여행을 다녀왔다. 밥 먹는 시간까지 줄여가며 하루 종일 스키를 탄 준우는 지치지도 않는 모양이다. 문제는 스키장을 다녀온 다음 날부터 일어났다. 학교에 갈 때까지는 괜찮았는데, 집에 돌아올 때는 다른 아이라도 된 것처럼 틱이 심해져 있었다. 쉬지 않고 얼굴을 찡그리고 어깨를 들썩이는 것이 증상이 가장 심한 올해 초로 돌아간 것 같았다. 스트레스가 좋지 않다고 해서 학원도 줄이고, 아이가 좋아하는 스키장까지 다녀왔는데 왜 더 심해진 건지 아빠는 도저히 이해하기가 힘들다.

틱 증상은 좋아졌다 나빠졌다를 반복한다. 이것은 치료 과정에서도 마찬가지다. 사라지는 듯하다 다시 나타나고 사라지기를 반복한다. 그러다가 한 번쯤은 다시 치료 전으로 돌아간 것처럼 증상이 폭발한다. 그러면서 전체적으로 증상은 점차 사라지고 횟수도 감소한다. 틱 증상을 늘리는 요인으로는 다음과 같은 것이 있다.

요인	영향
스트레스	과도한 학업, 교우 관계나 가정 불화 등 스트레스는 틱 증상을 늘리고, 틱의 경과에도 나쁜 영향을 미친다.
집중	하나에 몰두하는 경우 틱 증상이 줄어들거나 사라지기도 하고, 오히려 심해지기도 한다. 이것은 개인마다 차이가 있다.
흥분	놀이공원이나 스키장에 가는 것, 오랜만에 친한 친척들을 만나 재밌게 노는 것 등 긍정적인 흥분과, 싸우거나 벌을 서는 등 부정적인 흥분 모두 틱 증상을 심하게 만든다.
긴장	낯선 장소에 가거나 낯선 사람을 만나는 경우 틱이 심해질 수 있다. 다만 스스로 억제할 수 있는 경우 일시적으로 감출 수도 있다. 과도한 긴장은 장기적으로 좋지 않은 영향을 미친다.
피로	과도한 피로나 수면부족은 틱 증상을 늘린다. 틱 증상을 줄이기 위해, 그리고 아이들의 성장을 위해 충분한 수면은 필수다.

동반장애,
틱도 힘든데
이것까지!

불행은 겹쳐서 온다고 했던가? 하나만으로도 머리가 터질 것 같은데, 서너 가지 나쁜 일이 동시에 터지는 것이 우리네 인생사다. 사람 병도 마찬가지다. 허리 수술을 할라치면 무릎도 안 좋아지고, 어깨도 안 올라간다. 그래서 1~2년 사이에 수술 몇 가지를 동시에 해버리는 경우도 잦다. 아무래도 수술할 정도라면 몸의 밸런스가 깨졌을 테니 여기저기 망가진 곳이 많을 것이다.

틱 자녀의 부모에게 동반장애는 더욱 커다란 좌절감과 죄책감을 준다. 아이가 넘어지기만 해도 아픈 게 부모 마음인데 진단명이 자꾸 늘어나니 오죽하겠나. 하지만 투렛 장애 아동의 80~90%가 다른 질환들을 동반한다고 하니, 동반장애는 틱 치료에 있어 함께 보듬을 친구 같은 것으로 생각해야겠다.

동반장애는 원발적인 것과 이차적인 것으로 나뉜다. 강박증이나 ADHD, 학습장애 등은 선천적인 것으로, 유전적 요소와 뇌의 불균형 때문에 올 가능성이 높다. 그러나 불안장애, 우울증, 반항장애 등은 같은 요인으로 생길 수도 있지만 가족의 지지 부족, 사람들의 몰이해, 따돌림, 놀림 등 때문에도 생긴다.

주의력결핍 과잉행동 장애(ADHD)

동준이는 어릴 때부터 남달랐다. 항상 에너지가 넘쳐 동준이가 지나간 자리는 폭풍우가 휩쓸고 간 것처럼 난장판이었다. 한시도 가만히 앉아 있질 못해 여기저기 들쑤시고 다녀서, 엄마가 잠깐이라도 한눈을 팔 수 없었다. 도대체 겁이란 건 없는지 위험하다고 말해도 제 눈으로 보지 않고는 못 배기고, 어디서 넘어졌는지 온몸에 멍이 사라지는 날이 없다.

ADHD라고 불리는 주의력결핍 과잉행동 장애는, 틱 장애에 비해 좀 더 유병율이 높고 알려진 질환이다. 불행히도 틱 환자의 40~50%

는 주의력결핍 과잉행동 장애를 함께 앓고 있다. 주의력결핍 과잉행동 장애는 부주의, 충동성, 과잉행동이 특징이다.

부주의함은 해야 할 일에 집중하지 못하고, 지금 나를 자극하는 것들에 주의가 흩어지는 것을 말한다. ADHD 아동들도 TV를 보거나 게임할 때는 하루 종일도 집중할 수 있다. 이것들은 아무리 해도 흥미가 떨어지지 않기 때문이다. 하지만 해야 하는 일, 특히 다양한 과정이 있는 일에는 주의력을 유지하기가 어렵다. 그 일은 수업, 공부, 숙제, 운동 같은 것이다. 이들은 처음부터 끝까지 주의를 기울이지 못하고, 중간에 그만두거나 다른 일로 넘어가버린다. ADHD 아동은 '주의가 산만하다'는 말을 많이 듣는데, 이 역시 하나에 끝까지 집중하지 못하기 때문이다.

충동성은 말이나 행동을 스스로 조절하기 어려운 것을 말한다. ADHD 아동은 마음 내키는 대로 말하거나 행동하는 경우가 많다. 상황이나 관계, 이후의 결과를 생각하지 않고 말하거나 행동하기 때문에 부모나 선생님은 당황할 수 있다. 자신의 차례를 기다리지 못하고, 다른 사람의 활동을 방해하거나 간섭한다. 또한 질문이 채 끝나기도 전에 성급하게 대답하거나 문제를 다 읽지 않고 답을 체크하기도 한다. 이러한 행동은 모두 충동성으로 인한 것이지, 악의가 있어서가 아니다.

과잉행동은 아주 어릴 때부터 보이고 부모와 가족, 선생님을 가장 지치게 만드는 요소다. 아이를 항상 곁에 두어야 불안하지 않고, 잠시라도 한눈을 팔면 어떤 사고를 칠지 모르기 때문이다. ADHD 아동은 행동반경이 넓고 끊임없이 움직인다. 교실이나 식당, 공공장소에서 뛰어다니고, 기어오르고, 소리 지르고, 떠들며, 이것저것 만지고 다닌다. 특히 오랫동안 가만히 앉아 있는 것을 힘들어하며, 앉아 있어도 손발을 가만두지 않고 꼼지락거린다.

주의력결핍 과잉행동 장애는 정확한 기전이 밝혀지지 않았으나, 전두엽의 기능저하와 관련되었다고 알려져 있다. 뇌의 전두엽은 주의집중과 감정제어, 사회성, 시간관리, 도덕성 등을 통제한다. 이 전두엽의 기능이 떨어지면 집중을 유지하기 어렵고 과잉행동과 충동행동이 나온다. 신경화학적으로는 도파민과 노르에피네프린의 결핍이 ADHD를 일으킨다고 본다. 따라서 현재 약물치료는 이 신경전달물질의 재흡수를 억제하여 각성효과를 키우는 것을 목표로 한다.

강박증(OCD)

강박증은 성인에게만 있다고 아는 사람이 많은데, 꽤 많은 아이들이 강박증을 가지고 있다. 소아청소년의 강박증은 성인과 달리 틱 장애와 연관성이 매우 높다. 틱 장애를 일으키는 유전인자들이 강박증도 함께 일으키는 것으로 추정한다. 그래서 부모가 틱 장애가 있는 경우 아이가 틱은 없더라도 강박증이 보일 수 있고, 부모가 강박증만 있더라도 아이에게 틱 장애가 생길 수 있다.

강박증이란 본인이 원하지 않는데도 마음속에 어떠한 생각이나 장면 혹은 충동이 반복적으로 떠올라 불안을 느끼고, 이 불안을 없애기 위해 반복적인 행동이나 의식을 하는 것을 말한다. 많은 사람들이 이러한 증상을 갖고 있지만 다른 사람들이 이상하게 생각할까 봐 혹은 웃음거리나 놀림거리가 될까 봐 주변에 말하지 않는 경우가 많다.

반복되는 생각이 계속 떠오르는 것을 강박사고라고 하며, 조절할 수 없는 침투적인 사고가 특징이다. 흔한 강박사고로는 세균이나 더러운 것에 대한 두려움, 자신이 해를 입거나 혹은 자신이 남을 해칠 것 같은 생각, 물건을 버리면 안 될 것 같은 생각, 성적인 생각, 종교에 대한 모독적인 생각 등이 있다. 반복 행동을 하는 것을 강박행동이라고 하며, 손 씻기, 확인하기, 반복하기, 숫자 세기, 정돈하기, 저장하기 등이 있다.

틱 장애 환자 중 강박증을 동반하는 경우가 30~40%나 된다. 가끔씩 복잡하고 의식화된 행동을 반복해 이것이 틱인지 강박행동인지 헷갈리는 일도 있다. 물건을 세 번씩 건드린다든가 어깨를 움직일 때도 일정 횟수나 패턴을 만드는 경우가 이에 해당한다. 틱 증상은 겉으로 보이므로 부모가 빨리 알아채지만, 강박증은 아이들이 감추려 해서 발견까지 오랜 시간이 걸릴 수 있다. 아이들도 자신의 강박사고나 행동이 이상하다는 것을 알기 때문에 다른 사람들 앞에서는 통제한다. 강박증은 오래 지속될수록 증상이 심해지고 치료 가능성이 적어진다.

따라서 "너 왜 그러니?"라고 윽박지르지 말고 차분하게 아이의 이야기를 들어주는 것이 좋다. 윽박지르면 부모 앞에서도 강박 증상을 감춘다.

강박증이 없는 부모라면 이런 아이를 이해하기가 참 어렵다. 다른 건 완벽한데 왜 여러 번 확인하려 하는지, 왜 손을 안 씻으면 어쩔 줄을 모르는지 도저히 이해가 안 간다. 그래서 아주 쉽게 "하지 말아 봐, 그거 안 한다고 뭔 일 생기는 거 아니잖아?"라고 타이른다. 때로는 심하게 화를 내거나 일부러 정색하기도 한다. 하지만 엄마가 발견했을 때는 아이도 이미 여러 노력을 해봤을 것이다. 노력해도 안 되기 때문에 자신도 괴롭고, 많은 시간과 에너지를 강박증에 소모하므로 매우 지친다.

강박증이 있는 아이들을 보면 착하고 순수한 아이가 많다. 남에게 피해를 주지 않고 스스로 완벽하려다 보니 부정적인 생각을 떨쳐버릴 수 없게 된 것이다. 순수하고 완벽주의적인 아이의 성격을 장점으로 생각하고 본인이 노력하는 것을 바라본다면, 아이를 좀 더 이해할 수 있고, 치료에도 도움이 될 것이다.

강박증은 일반적으로 도파민보다는 세로토닌 시스템의 이상으로 생각한다. 세로토닌계의 기능저하가 강박증을 일으키며, 강박증을 동반하는 틱 장애에서도 세로토닌의 저하가 보고되었다. 따라서 강박증에는 세로토닌의 기능을 높이는 선택적 세로토닌 재흡수억제제(SSRI)가 1차 선택약으로 쓰인다. 하지만 강박증에는 효능이 입증되었으나 심한 틱 장애에는 유용한 효과를 보이지 못했다.

우울증과 불안장애

스트레스를 받거나 불쾌한 일을 겪으면 우리는 우울한 기분을 느낀다. 이는 당연한 것으로 이것만 가지고 우울증이라고 진단을 내리지 않는다. 다만 그 정도가 심해서 일상생활이나 학교생활에 지장을 받고, 2주 이상 우울한 기분이 지속된다면 우울증을 의심해볼 수 있다.

소아청소년 우울증은 우울한 기분 이외에 짜증을 잘 내고 분노를 조절하지 못하며, 두통이나 어지럼증 등 몸의 이상을 호소하는 특징이 있다. 또한 학교에 결석하거나 가출, 비행행동을 하는 등 문제행동의 이면에 우울증이 있는 경우가 많다.

우울증의 주요 증상은 다음과 같다. 자신이 불행하다고 느끼며, 쓸모없다고 생각한다. 일상적인 취미나 관심거리에서 즐거움을 느끼지 못하고, 모든 일에 비관적이다. 자기 탓을 잘하며 절망감을 느낀다. 하나의 일에 집중하기 어렵고 의욕이 떨어진다. 무기력하며 항상 피로감을 느낀다. 집에 틀어박혀 주변으로부터 고립된다.

틱을 앓는 아이들은 유치원이나 학교에 갈 때 엄마와 떨어지지 않으려는 분리불안이 심하거나, 특별한 이유 없이 불안함을 느끼는 범불안장애가 있을 수 있다. 틱과 동반하는 불안장애는 특정한 대상 없이 지속적으로 불안해하고, 과도한 걱정이나 긴장을 하는 경우가 많다. 또한 안절부절못하거나 초조함, 두근거림, 숨 가쁨, 소화불량, 두통, 수면장애 등의 신체 증상이 함께 나타난다. 불안으로 공부에 집중하기 어렵고, 작은 일에 민감한 반응을 보인다.

우울증, 불안장애는 틱 환자의 20~30%에서 함께한다. 과연 이것이 세로토닌의 저하 같은 틱과 동일한 기전으로 일어나는지, 환경적인 영향으로 일어나는지는 정확히 알기 어렵다. 따돌림이나 놀림, 혼남, 주목, 지적 등 부모나 친구, 선생님과의 관계에서 생기는 스트레스 역시 정서적 변화를 일으키기 때문이다. 이렇듯 아이의 정서가 불안정하다면, 틱을 치료하면서 아이가 받은 상처 역시 돌봐주어야 한다. 아이의 심리가 안정되면 자신감이 늘어나고 학업이나 교우관계에 긍정적인 영향을 준다. 또한 우울이나 불안이 줄어든다면 틱 치료에도 좀 더 긍정적인 영향이 된다.

학습장애

학습장애란 뇌에 손상이나 심각한 장애가 없고 감각기관에도 문제가 없음에도, 특정한 유형의 정보를 처리하기 어려워 배우기 힘든 것을 의미한다. 읽기장애, 쓰기장애, 산수장애가 여기에 속하며, 대표적인 것으로 난독증을 들 수 있다. 학습장애는 적절하게 치료받거나 교정교육을 받지 못하면 심각한 적응문제가 생길 수 있다. 이것이 사회적, 직업적, 경제적 어려움을 초래하는 경우가 많다.

틱 장애는 아이들의 지능이나 학습능력에 큰 영향을 주지 않는 것으로 알려져 있다. 틱 장애 아이들의 지능은 대개 평균 수준이다. 그렇지만 투렛 장애 아이들 중 20%는 학습장애를 함께 겪는데, 틱 장애와 직접적인 관련성은 적은 것으로 생각된다. 오히려 틱 장애와 쉽게 동반되는 주의력결핍 과잉행동 장애의 영향일 가능성이 크다. 통계에 따르면 주의력결핍 과잉행동 아동의 50% 정도가 학습장애가 있다.

비록 학습장애가 아니어도 틱 장애 환자 중 주의력결핍 과잉행동 장애가 40~50%, 강박증이 30~40% 동반하기 때문에, 이 동반장애 역시 아이의 학습이나 성적에 영향을 줄 수 있다. 따라서 틱을 가진 아이가 이 동반장애로 학습에 영향을 받는지 살펴봐야 한다.

틱,
충분히 치료할 수 있다

자녀가 만성 틱 장애 혹은 투렛 장애 진단을 받는다면 어떤 기분일까? '왜 이런 일이 나한테 생기지?' 화가 날 수도 있고, 깊은 슬픔에 잠길 수도 있다. 어쨌든 많이 당황스럽고 머릿속이 복잡해질 것이다. 내 아이에게 어쩌면 평생 짊어져야 할 문제가 있음을 인정한다는 것은 매우 고통스럽고 두렵기까지 하다.

많은 부모들이 틱을 겁내지만 실제로 어떤 질환이며, 아이의 인생에서 무엇을 뜻하는지 알지 못한다. 대중교통을 이용할 때마다 사람들의 시선을 이겨내야 하며, 궁금해하는 사람들에게 매번 틱을 설명해야 한다. 나에 대해 알기 전부터 사람들은 틱이라는 낙인부터 찍을 수도 있고, 겪지 않아도 되는 마음고생을 어렸을 때부터 겪을 수 있다. 틱 장애로 직업이 제한되지는 않지만 본인 스스로 직업을 고를 때 위축될 수 있으며, 심한 투렛 장애는 서비스직에 문제될 수 있다.

또한 부모의 인생은 어떠한가? 많은 부모가 아이의 병이 내 책임이라고 느낀다. 과도한 책임감은 죄책감을 만들고, 특히 유전소인이 있다는 설명을 들으면 죄책감은 더욱 커진다. '이건 나 때문이야.', '나는 부모로서 실패자야.' 같은 생각을 틱 아동의 부모라면 한 번쯤 해봤을 것이다. 하지만 틱의 유전인자는 정확히 밝혀지지 않았고, 어떠한 역할을 하는지도 우리는 전혀 알지 못한다. 틱은 부모가 물려준 아주 많은 유전인자 중 단 하나의 불쾌한 선물인지도 모른다.

슬프게도 아직 완벽한 틱 치료방법은 없다. 짧은 시간에 증상이 사라지는 아이가 있는 반면, 아무리 많은 노력을 해도 효과가 없는 아이도 있다. 절망은 조급함을 낳고, 조급함은 치료에서 잘못된 선택을 하게 만든다. 현재 틱 치료를 위해 할 수 있는 것들을 알아보자.

언제부터 치료하면 되나?

틱을 몇 살 때부터 치료해야 하는지에 정확한 가이드는 없다. 하지만 투렛 장애의 경우 치료를 받지 않는다면 자연히 호전될 가능성이 매우 적기 때문에, 증상이 나타난 지 얼마 되지 않아 치료받는 것이 경과가 좋고 후유증 가능성도 낮다.

틱 증상은 일반적으로 5~6세 경에 보이기 시작한다. 치료는 이때부터 적극적으로 하는 것이 좋다. 보통 5세 기준으로 치료하는데, 증상이 급격하게 나빠지거나 동반장애가 심한 경우 좀 더 이른 나이에 치료하기도 한다. 틱은 빠르면 만 2세 전에도 나타난다. 흔하지는 않지만 종종 있는데, 이 경우에는 조금 더 지켜보는 것이 좋다. 뇌 성장 과정에서 일시적으로 생겼을 수 있고, 치료 방법도 마땅치 않다.

틱 증상을 처음 봤다면 4주간은 아이에게 내색하지 말고 증상 변화만 살피는 것이 좋다. 절반 이상이 4주 이내에 증상이 사라지며, 이 경우 평생 틱이 나타나지 않을 가능성도 있다. 4주가 지났는데 증상이 그대로라면 만성 틱 장애나 투렛 장애로 발전할 가능성이 높다. 혹은 수개월간 지속되다가 줄어들 수도 있는데, 이 경우 1~2년 내로 증상이 재발한다. 아이의 틱이 4주 동안 사라지지 않는다면 틱 치료 전문기관에서 진찰과 치료를 받아야 한다. 빠른 치료가 증상을 줄이고, 향후 재발되었을 때 빠른 회복을 돕는다.

약물치료

증상이 심한 만성 틱 장애나 투렛 장애의 경우 약물요법을 쓴다. 안타깝게도 아직까지 틱이나 투렛 장애를 완벽하게 치료하는 약물은 없다. 다만 심한 틱 증상을 줄이는 데 도움이 될 수 있고, 강박증이나 주의력결핍 과잉행동 장애를 동반할 경우 가장 생활에 불편을 주는 증상에 대해 약물요법을 쓸 수 있다.

현재 틱 치료에 가장 많이 쓰는 약물은 신경안정제다. 신경안정제는 오래 전부터 정신분열증이나 조증, 불면증 등에 사용해왔다. 틱 장애는 도파민 기능과다로 생기므로 이를 억제하는 도파민 길항제를 쓴다. 도파민 길항제는 도파민 수용체를 차단해 뇌에 도파민 전달을 조절해준다. 할로페리돌(Haloperidol), 리스페리돈(Risperidone), 피모자이드(Pimozide), 설피리드(Sulpiride) 등이 대표적인 약물이다.

강박증을 동반하면 세로토닌의 작용을 조절하는 약도 처방되며, 주의력결핍 과잉행동 장애가 심하면 중추신경 흥분제가 쓰일 수 있다.

초기에는 가장 적은 용량을 투여하고, 조금씩 양을 늘린다. 적은 양으로 가장 약효가 잘 드는 복용량을 찾는 것이다. 만약 부작용이 있거나 일정 용량 이상이어도 효과가 없다면 다른 약물로 대체할 수 있다. 다른 약물과 마찬가지로, 틱 치료약도 부작용이 있을 수 있다. 이 부작용은 약물에 따라 종류와 가능성이 모두 다르기 때문에, 부모가 자세히 알고 대처해야 한다. 일반적인 부작용으로는 체중 증가, 식욕 증진, 피로감, 졸음, 입마름, 변비 등이다. 부작용이 나타난다면 약물 효과와 부작용의 정도를 비교하여 복용 여부를 결정한다. 이 부작용은 약복용을 중지하면 곧 사라진다. 다만 급성 근긴장 이상(지속적인 근육 수축), 정좌 불능(제자리에 앉아 있지 못함), 지연성 이상운동증(얼굴, 턱, 입 주변의 비자발적인 움직임)이 보인다면 바로 의사에게 알리고 복용을 중지해야 한다. 지연성 이상운동증의 경우 약물을 중단한 후에도 사라지지 않을 수 있으므로 세심한 관찰이 필요하다. 드물지만 근육경직, 열, 발한, 우울증, 인지적 둔감이 나타날 수 있다.

주의력결핍 과잉행동 장애로 메틸페니데이트 같은 중추신경흥분제를 복용하면, 도파민 활동이 늘기 때문에 일부 아이들은 틱 증상이 는다. 복용 중 증상이 갑자기 심해진다면 약물의 영향도 의심해본다.

투약을 결정했다면 1년 이상 복용하고, 그 후 약을 계속 복용할지, 복용 약의 종류, 용량을 줄일지는 의사와 상의한다.

한방치료

한방신경정신과에서는 뇌의 성장을 돕고, 뇌의 균형을 조절하는 것을 원칙으로 하며, 틱 증상을 줄이는 치료를 함께한다. 뇌의 성장과 기저핵의 발달을 돕는 한약치료가 중심이 되고 추나치료, 약침치료, 한방기공요법 등을 함께 사용한다.

한방치료는 증상이 심하지 않아도 해볼 수 있고, 치료기간이 비교적 짧다. 양약에서 보이는 여러 부작용이 보이지 않는다는 장점도 있다. 단 소화기능이 약한 아이의 경우 초기에 설사나 소화장애가 생길 수 있지만 이는 며칠 지나면 정상 회복된다. 또한 반동현상이 적어 치료를 종료한 후 다시 틱 증상이 크게 나타날 가능성이 적다. 다만 효과반응기가 다소 느리기 때문에 즉각적인 효과를 보기는 어렵다. 한약은 맛이 쓰고, 제형이 불편하여 아이들이 복용을 싫어하기도 한다.

음성틱을 포함한 심한 틱 증상이거나, 오랫동안 틱을 앓은 경우에는 더 긴 치료기간과 인내가 필요하다. 만 15세 이상의 청소년과 성인은 완치가 아닌 증상을 줄이는 걸 목표로 한다. 단, 나이가 어려 증상이 심하지 않을 때 치료를 시작한다면 증상이 완전히 사라질 수 있으며, 재발하더라도 짧은 시간 내에 치료될 가능성이 크다.

일반적으로 틱은 12~13세에 가장 심한 증상을 보인다. 이 시기가 틱에 분수령이 되는데, 이때 증상이 사라진다면 또 나타날 가능성은 매우 적다. 5~10세에 틱을 치료하는 이유는 12~13세에 나타나는 증상을 최대한 줄여, 이후 틱 재발을 막기 위함이다. 초기 치료가 성공적으로 끝났어도 2~3차례 재발 가능성이 있다. 특히 12~13세는 더욱 주의 깊게 살펴보아야 할 시기다. 단 틱이 다시 보이면, 그 증상은 이전 범위를 넘어서지 않는 경우가 많으며, 치료기간은 더 짧다.

습관반전기법

습관반전기법은 현재 보이는 틱 증상을 반대 활동으로 조작하여 대체하는 것을 말한다. 예를 들면 눈 깜박이는 틱은 절제하면서 자발적인 눈 깜박임으로 대체하고, 목 돌리는 틱은 아래턱을 가볍게 내리고 목 근육을 긴장시키는 것 등으로 대체하는 것이다.

습관반전기법을 하려면 본인의 틱 증상을 정확히 알고, 시기와 장소, 힘든 정도를 직접 기록해야 한다. 전조감각을 알아차리는 것도 중요하다. 보통 10세 이전에는 자기 증상을 정확히 알지 못하고, 전조감각을 잘 느끼지 못한다. 증상의 변화를 매번 기록하기도 아이나 부모 모두 매우 힘든 일이다. 따라서 증상을 자각할 수 있고, 생활이 통제 가능한 10세 이후 청소년이나 성인들이 해볼 수 있다. 이 기법을 쓰려면 틱의 종류와 빈도, 주관적 고통 정도를 기록하고 위계를 만든다. 이를 기반으로 틱의 세부사항을 알아차리는 자각훈련을 한다. 세 번째로 틱이 있을 때마다 경쟁반응을 선택, 실행한다. 일반적으로 틱 증상 대신 스스로 힘을 주거나 다른 근육을 쓰는 방법을 사용한다. 그 후 이완훈련을 하고, 동기를 부여하는 사회적 지지활동을 한다.

습관반전기법의 효과는 증거가 충분하지 않아 더 많은 연구가 필요하다. 성인의 경우 사회, 직업적으로 틱 증상을 감춰야 할 상황이 있다. 틱 증상을 완전히 없애지는 못해도 잠시나마 사회적으로 용납된 행동으로 바꾼다면 사회생활이 좀 더 수월해진다. 틱이 나타나기 전

전조감각 충동이 명확히 드러난다면 습관반전기법을 권해본다.

놀이치료

놀이치료란 놀이 활동을 매개로 아이가 자신의 감정이나 사고, 경험, 행동을 탐색하고, 심리적 문제를 극복하여 정상적인 심리적 발달을 돕는 치료 형태다. 어린 아이들은 자신의 생각이나 감정을 언어로 표현하는 것이 미숙하다. 따라서 대화보다는 놀이로 감정을 표현하고 의사소통하며, 이 과정에서 관계를 형성하고 긴장을 해소하며 갈등을 해결해나갈 수 있다. 놀이치료가 틱 증상 자체를 없애는 데는 큰 도움이 되지는 않지만, 아이들의 스트레스를 줄여주고 정서 안정과 심리적 건강에는 도움이 된다. 틱 장애 아이에게 정서 문제가 있거나, 분노조절 장애, 주의력결핍 과잉행동 장애, 적대적 반항장애가 함께 있다면 놀이치료를 통해 아이의 정서적인 성숙을 도모할 수 있다.

놀이치료 종류에는 정신분석적 놀이치료, 아동 중심 놀이치료, 가족 놀이치료, 인지 행동 놀이치료, 발달 놀이치료, 생태학적 놀이치료, 모래상자 놀이치료, 집단 놀이치료 등이 있다. 아이의 인지발달에 따라 다르지만 1회에 30분에서 1시간 정도 걸리며, 1주일에 1~2회 실시한다. 일반적으로 6개월 정도 진행하며, 이후 치료 목표를 검토해 횟수를 늘리기도 한다.

Chapter 02

틱이 와도 아이는 계속 성장한다!

아이의 마음속 들여다보기

쉽게
화내는
아이

상담을 하다 보면 "아이가 예민하네요."라는 말을 종종 한다. 예민하다는 것이 특정 상태를 지칭하는 의학용어는 아니지만, 가끔 이보다 환자를 잘 설명하는 단어가 있을까 생각한다. 예민한 사람들은 주변 상황이나 분위기, 몸에서 일어나는 변화를 남들보다 크게 느낀다. 그러다 보니 남들이 볼 때는 별일 아닌 것에 크게 반응하거나, 가끔 종잡을 수 없어 보인다. 아무 이유 없어 보여도, 예민한 사람들은 남들이 느끼지 못한 작은 변화를 감지하고 반응하는 것뿐이다.

예민한 아이들은 예민한 행동으로 부모를 당황스럽게 한다. 예민한 행동은 아이의 성격이나 특질, 아이가 처한 상황에 따라 다르게 나타나는데, 그중 '분노'는 예민한 아이가 보이는 가장 일차적인 반응이다.

점점 화를 못 참아진다

모처럼 휴일을 맞아 지영 씨는 남편, 두 아들과 함께 패밀리 레스토랑으로 식사하러 갔다. 오랜만에 가족끼리 오붓하게 저녁을 먹고 쇼핑도 즐기려던 지영 씨의 계획은 승규의 투정 섞인 외침과 함께 물거품이 되었다. 사건의 발단은 아주 사소했다. 식전에 나오는 빵을 동생한테 먼저 주었다는 게 이유였다.

"승규야, 그런 거 아니야. 동생은 아직 어리니까 혼자 먹을 수 없어서 엄마가 챙기는 거야. 자, 여기 승규도 줄게."

부드러운 목소리로 아이에게 설명했지만, 평소에도 동생을 미워한 승규는 그냥 넘어가지 않았다. 아무리 달래고 음식을 주어도 화가 가라앉기는커녕 엄마와 동생을 죽일 듯이 노려보고, 씩씩대며 말대꾸하더니 급기야 식탁을 두드리기 시작했다.

"너 사람들 많은데 이게 뭐하는 짓이야. 조용히 앉아서 밥 먹어. 안 그러면 집에 가서 혼날 줄 알아."

참다못한 아빠의 단호한 한마디는 아이를 자극했고, 결국 끔찍한 결과를 가져왔다. 아이가 포크와 접시를 집어던지고 바닥에 앉아 떼를 쓰기 시작한 것이다. 주위 사람들이 쳐다보기 시작하고, 식당 직원들이 와서 갖은 방법으로 아이를 달랬지만, 아이는 요지부동이었다. 창피함에 더는 거기 있을 수 없었다. 오랜만에 기대한 휴일의 달콤함은 완전히 날아가 버렸다.

집에 와서 아빠가 회초리를 들었지만 아이의 화는 쉽게 누그러지지 않았다. 눈초리에 증오와 적개심이 가득한 것이, 자신은 잘못한 것이 없어 억울하다고 하는 것 같았다. 화가 나더라도 물건을 집어던지고, 소리를 지르는 것만은 막고 싶은데, 어떻게 해야 할지 막막하다.

아이는 왜 화가 났을까?

틱이나 투렛 장애를 치료하다 보면, 쉽게 화내고 주변 사람들에게 공격 행동을 하는 아이들을 자주 본다. 화와 투정만으로도 눈에 띄는데, 틱 증상까지 더해지니 남들의 주목을 쉽게 받는다. 화가 나면 아이가 흥분하게 되고 이 흥분은 틱 증상을 더욱 심하게 만드니, 엄마 입장에서는 아이를 달래야 할지, 혼내야 할지 고민이 된다.

틱 장애가 있다고 해서 더 화를 잘 내거나 공격적이지는 않다. 다만 동반장애가 있으면 분노조절에 문제를 보이기도 한다. 특히 주의력결핍 과잉행동 장애를 동반하는 경우 쉽게 화를 내거나 공격적인 말, 행동을 하고, 적대적 반항장애, 품행장애로 진행된다. 아이가 화를 잘 낸다고 해서 아무에게나 화내는 것은 아니다. 모르는 사람들 앞에서는 가증스러울(?)만큼 착한 아이로 있기도 한다. 화는 주로 가까운 사람들, 특히 엄마나 동생 같이 상대적으로 만만한 사람들에게 낸다.

아이가 화를 내는 것이 성격 문제나 잘못된 교육 탓만 해서는 안 된다. 분노란 선천적인 요인과 환경적인 요인이 합쳐진 뇌의 반응이다. 선천적인 요인으로는 호르몬이나 신경전달물질의 불균형, 뇌의 미성숙을 들 수 있다. 대표적인 남성호르몬인 테스토스테론은 분노와 공격성을 높인다. 테스토스테론 수치가 높을수록 쉽게 화내고 공격적인 반응을 보일 가능성이 높다. 세로토닌 역시 분노와 관련되며, 세로토닌 수치가 낮을수록 폭력적이고 화를 잘 낸다. 세로토닌 수치가 높아지면 평온함을 느껴 화를 덜 내고, 행복감을 느낀다. 신경전달물질 중 하나인 노르에피네프린도 공격성과 관련 있는데, 평균보다 높거나 낮은 상태 모두 공격성에 영향을 준다.

환경적인 요인은 선천적으로 분노에 취약한 아이를 더욱 공격적이게 만든다. 주변 사람들의 시선이나 반응에 따른 스트레스는 틱 아이만이 겪는 고통이다. 또한 틱 아이들은 틱을 참으려 하는 일이 많다. 이로 인한 피로감이 아이를 예민하고 까칠하게 만들어 쉽게 분노를 일으키는 것이다. 부모에게 자주 혼나거나 부모가 싸우는 모습을 자주 본 아이가 더 화낸다. 단순히 화내는 모습을 자주 보는 것만으로도, 이에 대한 학습이 이루어져 아이가 화낼 가능성이 높아진다. 만약 아이가 화낼 때, 그 상황을 모면하고자 과자나 용돈을 주는 보상행동을 한다면 그 행위를 더 강하게 학습한다. 화를 내면 내가 원하는 걸 얻을 수 있다고 생각하기 때문이다. 이것을 극명하게 보여주는 것이 앨버트 반두라의 '보보인형 실험'이다. 보보인형은 커다란 플라스틱으로 만든 오뚜기 인형이다. 어른들이 이 인형을 망치로 때리고 구석으로 차버린 후 아이들을 자유롭게 놀도록 했다. 아이들은 어른들이 한 것과 유사한 공격적인 행동을 보였다. 또한 폭력 행위에 대해 보상을 받는 것을 본 아이들은 처벌을 받거나 아무것도 하지 않는 것을 본 아이들에 비해 더 공격적인 행동을 하였다.

아이의 뇌는 아직 완성되지 않았기 때문에, 올바른 판단을 내리지 못하고 충동적인 행동도 한다. 뇌 구조 중 편도체라는 곳이 분노와 큰 관련 있다. 일단 아이들은 어른에 비해 편도체가 쉽게 자극받는다. 이 자극으로 편도체가 과도하게 활성되면 조그마한 일에도 쉽게 화내게 된다. 이를 막고자 전전두엽이 편도체의 활성을 적절히 억제해준다. 그런데 아이들은 편도체와 전전두엽 사이의 연결이 약하다. 때문에 편도체에서 일으킨 분노감정을 전전두엽이 조절하기까지 오랜 시간이 걸린다.

결론적으로 아이의 뇌는 성장하고 있기 때문에 다양한 요인들의 영향을 쉽게 받는다. 아이의 뇌가 정상적으로 자라도록 돕고, 과도한 흥분을 조절한다면 아이들은 화를 덜 내고, 평온히 지낼 것이다.

불안이 분노로 이어진다

오늘도 아이는 화가 난다. 무엇이 억울한 걸까? 눈물까지 글썽거리며 분한 감정을 참아내고 있다. 아이는 정말 화가 난 걸까? 아니, 화보다는 짜증을 내는 것 같다. 그렇다. 오늘도 아이는 짜증을 내고 있다. 엄마의 날카로운 말투가 거슬렸을까? 아이도, 엄마도 정확한 이유를 모른다. 아침부터 아이는 예민해져 있었고, 언제든 폭발할 준비가 된 것 같았다. 아이는 화가 난 걸까? 아니면 화를 내고 싶은 걸까?

아이는 화가 난 것이 아니라, 화내기 쉬운 상태로 변한 것이다. 이 상태는 아이의 감정이 만들어낸다. 똑같이 화내는 것처럼 보여도, 아이의 마음속에는 각기 다른 감정이 숨겨져 있다. 우울한 기분에 화낼 수 있고, 자신감이 떨어져도 화를 낸다. 불안하고 초조할 때도 아이는 화낸다. 그중에서도 불안이 도사리고 있는 경우가 많다.

분노라는 행동과 불안이라는 감정은 서로 비례하는 일이 많다. 분노의 내면에는 불안과 공포가 있다. 불안으로 인해 긴장감이 높아지면, 점점 이성이 감정을 조절하기가 어려워진다. 그래서 아이는 불안한 감정을 분노로 표출하는 것이다. 그러니 아이의 분노를 없애기 위해 불안을 없애는 것이 우선이다. 아이의 화를 걱정하거나 혼내기 전에 아이의 감정을, 특히 불안이 있는지를 눈여겨보아야 한다.

낙담하여
우울한
아이

친구들의 놀림으로 아이 성격이 바뀐다

"이때만 해도 참 밝고 귀여운 아이였는데 말이에요."

준영이 엄마는 사진 한 장을 꺼내며 말문을 열었다. 놀이공원에 가서 기분이 좋았는지 앞니가 빠진 채 밝게 웃는 준영이는 영락없는 개구쟁이였다. 지금 내 앞에 있는 준영이가 아주 어둡다고는 할 수 없지만, 사진 속 모습과는 많이 달랐다. 대화 도중 눈도 마주치지 않고 두

리번거리며, 묻는 말에만 짧게 대답하는 모습. 왠지 모르게 위축된 느낌이 강하게 들었다.

"집에 오면 방에 가서 혼자 엎드려 있을 때가 많아요. 불러도 대답도 잘 안 하고, 그냥 혼자서 있으려고만 해요. 시키는 건 따라서 하지만, 도통 뭘 하려고 하질 않아요. 먹고 싶은 것이 있냐고 해도 없다고 그러고, 놀러 나갈까 물어봐도 괜찮다고 그래요. 다른 엄마들은 놀아주느라고 힘들다고 하는데, 저희는 뭘 하려고 해도 준영이가 거부하니 할 수가 없어요. 특히 사람 많은 곳을 싫어해요. 놀이터에 가서 혼자 있으면 잘 놀다가도, 사람들이 오면 슬금슬금 피해요."

초등학교에 들어가자마자 준영이는 '깜박이'라고 불렸다. 눈을 자주 깜박거린다고 해서 친구들이 붙인 별명이다. 그때는 아직 어려 무슨 의미인지 잘 몰랐는지 싫다는 내색이 없었고 그런 친구들과도 장난치고 잘 지냈다. 3학년이 되고 음성틱이 나타나면서 아이도 점점 틱을 의식하는 것 같았다. 자기가 내는 소리를 들을까 봐 입을 손으로 자주 막았고, 남들이 자기 얼굴을 쳐다보는 것을 싫어했다. 그 무렵 아이들은 준영이의 '악악'거리는 소리가 까마귀 소리 같다며, 까마귀처럼 양팔을 펄럭이며 '아악~아악~' 소리를 내며 놀려댔다. 준영이는 그것을 매우 싫어했는데, 그러자 아이들은 더욱 심하게 굴었다. 그래서일까? 준영이는 언젠가부터 친구들을 만나는 것을 피한다. 아침마다 학교에 가기 싫다고 칭얼댄다. 성격이 예민해져서 자기 맘에 들지 않으면 쉽게 짜증을 냈고, 걸핏하면 울음을 터트렸다. 하루 종일 멍하게 있을 때가 많고, 참을성도 많이 떨어져서 조금만 어려운 문제가 나오면 "난 못해." 하면서 포기해버렸다.

"학원에서는 놀리는 아이들이 없어서 괜찮았는데, 이제는 학원에도 놀리는 친구들이 생겼나 봐요. 학원조차도 안 가려고 하니 어떻게 공부를 시켜야 되나 막막해요. 남편 사정상 전학을 갈 수도 없고, 전학 간다고 해결될 문제도 아니라고 봐요. 어디든 놀려대는 아이들은 있겠죠. 준영이를 볼 때마다 안쓰러워요. 친구들을 혼내볼까도 했지만 혹시 아이가 보복당할까 무서워서 못하겠고, 준영이보고 마냥 참으라고 하자니 엄마로서 잘못하는 것 같아서 답답해요."

준영이에게는 투렛 장애와 소아우울증 진단이 나왔고, 이를 함께 치료하기로 결정했다. 준영이의 경우 틱 치료도 중요하지만, 아이의 정서 상태를 돌보는 것이 학교생활과 친구관계에 더 중요할 수 있다.

내 아이가 우울하다

한때 소아는 완전하게 정서 발달이 되지 않아서 우울증을 앓을 수 없다고 생각했던 시기도 있다. 하지만 이제는 소아우울증을 인정하고, 꽤 많은 아이들이 우울증을 겪고 있다고 생각된다. 아이들의 우울증은 어른의 우울증과는 양상이 다르다. 어른들은 우울증이 생기면 절망감이나 삶의 허무함을 느끼고, 우울한 기분과 함께 흥미나 즐거움이 사라진다. 물론 아이들의 우울증도 이러한 바탕이지만, 다른 증상들이 더 커서 우울증이 아닌 것처럼 보일 때가 많다.

특별한 이유도 없이 짜증을 내거나 딱히 슬픈 일도 아닌데 눈물을 뚝뚝 흘리기도 한다. 하루 종일 멍하게 앉아 있고, 무엇 하나에 집중하기 어려워한다. 갑자기 성적이 뚝 떨어지고, 자기 스스로 바보가 된 것 같다고 한다. 또한 품행 문제가 있거나 비행행동을 하는 아이들 중에는 우울증이 원인인 경우도 상당히 많다. 이렇기 때문에 겉모습만 보고는 아이가 우울하다는 것을 쉽게 알아채지 못한다. 그래서 부모가 아이의 우울증을 발견했을 때는 이미 많은 시간이 지나 병이 깊어진 경우가 많다.

아이의 우울증이 의심된다면 충분한 대화로 아이의 감정이 어떤지 알아보고, 무엇을 가장 힘들어하는지 살펴보아야 한다. 대화하다 보면 어른으로서, 자기 경험을 바탕으로 충고하려는 경우가 많은데, 일단 아이의 말을 끝까지 들어주고 아이의 눈으로 바라보는 노력이 필요하다.

아이의 잦은 짜증이나 위축된 모습, 반항적인 행동, 떨어진 성적을 보면 먼저 야단부터 치는 일이 많다. 혹은 "누굴 닮아서 그러냐?"는 둥 아이의 인격을 무시하거나 "네가 지금 나태해서 그런 거야.", "다른 아이들도 다 힘든데 참는 거야." 같은 충고를 한다. 이런 행위는 아이에게 아무 도움이 되지 않을 뿐 아니라 아이를 부모에게서 멀어지게 하고, 우울증을 더 심하게 만든다. 부모의 작은 말 한마디가 아이에게는 치명적인 마음의 상처가 되는 것이다.

틱을 가진 아이들은 자신의 달라진 모습에 '나는 뭔가 잘못됐나 봐', '나는 가치 없는 사람이야' 등의 잘못된 가치관을 가질 수 있다. 이 생각은 올바른 자아를 정립하는 데 문제를 일으키고, 자아존중감을 떨어뜨린다. 틱만으로도 아이의 자아존중감에 나쁜 영향을 미치는데, 우울증은 거기에 기름을 붓는다.

아이에게 틱이 있다면 아이의 행동을 유심히 관찰하고, 깊은 대화를 통해 우울증이 있는지 확인해야 한다. '그냥 이러다 좋아지겠지', '살면서 한 번쯤 우울하지 않은 사람이 어디 있나?' 같은 안일한 생각은 아이의 틱 증상에 나쁜 영향을 주고 아이가 정신적으로 건강한 어른으로 자라는 데 방해된다. 틱에 우울증이 동반된다면 함께 치료받아야 한다. 그래야 틱의 치료가 한결 빨라지고, 아이의 공부 및 활동, 교우관계에 도움을 줄 수 있다.

아이의 우울증이 의심되는 10가지 증상

1. 사소한 일에 짜증을 잘 내고, 별것 아닌 일로 주체할 수 없는 눈물을 흘린다.
2. 표정이 어둡고, 대인관계가 소극적으로 변해 밖에 나가려 하지 않고 방에만 있으려 한다.
3. 어떠한 놀이나 활동에도 흥미를 갖지 않는다.
4. 성적이 짧은 기간에 급격하게 떨어진다.
5. 선생님이나 부모에게 반항하고, 친구들에게 물건을 던지거나 폭력적인 행동을 한

다. 청소년의 경우 술이나 물질 남용, 가출, 폭력 등의 행동을 보인다.

6. 다이어리나 대화 속에서 죽음에 관한 내용이 보인다.

7. 집중력과 학습능력이 떨어지고, 멍하게 있을 때가 많다.

8. 소화가 잘 안 되거나, 배나 머리 등이 아프다고 이야기하는데 병원에서 검사해보면 특별한 원인이 없다.

9. 잠이 지나치게 많아지거나 잠을 전혀 자지 못하고, 피로감을 많이 느낀다.

10. 식욕이 떨어지거나 폭식을 하고, 이로 인해 체중의 급격한 변화가 있다.

불안에 떠는 아이

이제 그만 확인하고 싶어요

이제 몇 달만 지나면 중학생이 되는 병우는 요즘 걱정이 많다. 점점 공부할 것은 많아지는데, 공부를 시작하기까지 시간이 너무 오래 걸리기 때문이다. 매번 교과서와 참고서, 문제집을 순서대로 맞춰야 하고, 볼펜과 샤프, 학용품들이 제자리에 있는지 서랍 속까지 눈으로 확인해야 공부를 시작할 수 있다. 연필꽂이에 있는 필기도구도 꽂힌 방향과 순서가 정해져 있다. 처음에는 공부를 시작할 때만 확인하면 괜찮았다. 하지만 이제는 책상에서 일어섰다가 앉을 때마다 모두 확인해야 하고, 공부하는 중간에도 갑자기 엉망이 되지 않았을까 하는 생각이 들면 이를 떨쳐내기가 어렵다.

또한 학교 가방을 싸는 데도 너무 오래 걸린다. 내일 수업에 필요한 책과 준비물을 잠들기 전까지 몇 번이고 확인해야 한다. 자다가도 혹시 빠뜨린 게 있지 않을까 가방을 뒤지고, 아침에 또다시 몇 번이고 짐을 쌌다 풀었다 한다. 엄마는 매일 이제 늦었으니 빨리 출발하라고 소리를 지른다.

병우도 이렇게 할 필요가 없다는 걸 알고, 짐 싸는 것을 그만하려고 여러 번 노력했다. 하지만 눈으로 확인하고 싶을 때 하지 않으면 불안해지고, 답답해져 심장이 터질 것 같아 나도 모르게 가방에 손이 간단다.

말을 하지 않는 아이

수진이 엄마는 친목회 문제로 남편과 말다툼을 벌였다. 다음 주말에 남편 친목회 가족모임이 있는데, 꼭 가족 모두 참석해야 한다는 것이다. 수진이를 데려가지 않을 핑계를 갖다 붙이다, 결국에는 남편에게 폭발해버렸다. 수진이 엄마는 수진이를 사람들에게 보일 때마다 민망함을 견딜 수 없다. 특별히 수줍음을 타는 것도 아닌 것 같은데,

어른 앞에만 서면 아무 말도 안 하고 있는 것이다. "몇 살이니?"란 질문에 대답을 안 해 상대방을 무안해지는 건 기본이다. 억지로 인사를 시키려 해도 고개 한 번 까닥하지 않는다. 어릴 때는 "수줍음이 많아서 그런가 봐요."라며 넘겼지만, 이제는 그렇게 넘기기에도 어린 나이가 아니다. 엄마, 아빠, 친한 친구 몇 명과는 말도 잘하고, 장난감도 함께 가지고 논다. 자주는 아니지만 장난도 치고, 농담도 한다. 한 번은 엄마 앞에서 개그 프로그램에서 본 재밌는 장면을 따라해 깜짝 놀란 적이 있다. 그런데 어른들 앞에만 서면 다른 사람이 된 것처럼 입을 다무는 것이다.

담임선생님한테도 처음에는 말을 안 해서 큰 문제가 됐었다. 물론 아직도 발표라든가 질문에 답하는 것은 상상할 수 없다. 하지만 선생님이 개인적으로 물어보거나 꼭 필요할 때 짧게 말하는 것까지는 가능하다. 여기까지 오는 데는 담임선생님의 많은 노력이 있었다. 아이가 말하지 않는다고 다그치거나 혼내지 않았고, 학교를 편안하게 느끼도록 도와주었다. 또한 아이가 스스로 비정상이라고 느끼지 않도록 해주어 아이가 더욱 위축되는 것을 막았다. 말로 하는 대답 대신에 표정과 제스처만으로 의사를 표현할 수 있도록 허락하자 수진이는 조금씩 반응하기 시작했다. 수진이 같이 특정 상황에서 말하지 않거나 반응하지 않는 경우를 '선택적 무언증'이라고 한다.

불안은 틱의 친구다

병우의 강박증이나 수진이의 선택적 무언증은 모두 불안에서 기인한다. 강박증이란 원하지 않는 생각과 행동을 집착적으로 반복하는 것이 특징이지만, 그 내면에는 불안이 근원적으로 존재한다. 강박증이 지속될수록 아이들은 불안이 심해지며, 강박증상과 함께 더욱 고통스러워한다. 순수 강박사고형이라고 해도 반복적인 생각에 불안함이 숨어 있으며, 이를 해소하고자 손 씻기, 정돈하기, 확인하기 등 강박행동을 하는 것이다.

선택적 무언증은 DSM-5(정신질환 진단 및 통계편람)에서 아예 불안장애의 하위유형이 되었다. 생각보다 틱 아이들에게 선택적 무언증이 많이 보인다. 선택적 무언증이란, 말을 할 수 있음에도 특정 상황, 특히 사회적 상황에서 지속적으로 말하지 않는 것이다. 아이들마다 조금씩 다르지만, 엄마 아빠와는 말하지만 친구나 어른들에게 말하지 않는 경우가 가장 흔하다. 기본적으로 심한 불안 때문에 생기며, 불안에 민감한 기질로 타고난 것으로 생각된다. 등교 거부나 수업에 참여하지 않는 경우도 많은데, 이런 경우 학업성적이 부진하여 또 다른 걱정거리가 된다.

이러한 형태가 아니더라도 임상에서 틱 아이들을 만나다 보면 불안을 지닌 경우가 많다. 통계상으로는 틱과 불안장애가 함께하는 경우가 20% 내외다. 하지만 불안장애까지는 아니더라도, 내면에 불안이 있는 경우가 절반이 넘는다. 이 불안함은 정서적으로 물론 좋지 않지만 틱 증상에도 나쁜 영향을 미치기 때문에 함께 치료해야 한다.

기질적으로 불안에 민감한 아이들은 엄마와 떨어져 있기를 싫어하고, 작은 일에 화를 잘 내며 삐딱하게 구는 일이 많다. 몸을 비비 꼬거나 손톱을 물어뜯기, 머리 당기기 같은 습관도 보인다. 또한 무서운 꿈을 꾸거나 배나 머리가 아프다고 하는 등 신체증상을 자주 호소한다. 이 행동은 불안함을 반영하는 것이므로, 불안을 줄여주는 치료를 하면 서로 관계가 없어 보이던 증상들이 동시에 사라진다.

아이들은 원래 표현이 미숙해서 자기의 느낌이나 생각을 전혀 상관없는 단어로 말하거나 이상한 행동으로 표현하기도 한다. 특히 내성적이고 소심한 아이일 경우 말로 표현하지 않기 때문에, 엄마가 아이의 불안함을 모를 때가 많다. 아이의 말만 믿고 넘기기보다는 불안을 나타내는 행동을 하는지 유심히 살펴보아야 한다. 따뜻한 말과 스킨십으로 아이에게 안정감을 주면 더욱 자연스럽게 자기감정을 표현할 것이다.

마음속 깊숙이 숨어든 두려움을 보자

1950년대 미국의 신경과학자 폴 맥린은 인간의 뇌가 진화 단계에 따라 3개의 층으로 이루어져 있다고 했다. 가장 아래 부분은 뇌간과 소뇌가 있으며 심장박동, 호흡조절, 혈압조절, 체온조절 등 생존을 위한 필수 기능과 공격적 행동, 성적 본능, 사회적 서열 등 가장 근본적인 본능이 만들어진다. 이곳은 가장 원시적인 곳으로 인간이나 파충류나 구조와 기능이 유사해 '파충류의 뇌'라고 부른다.

그 위에는 해마와 편도체가 속한 변연계가 있다. 기쁨이나 즐거움,

화남, 슬픔 같은 다양한 감정을 표현하고, 기억을 주관하며, 각 판단에 대한 정서적 반응을 구별한다. 포유류 대부분이 변연계가 발달하여 감정을 나타내기 때문에, 이곳을 '포유류의 뇌'라고 부른다.

마지막 부위는 신피질 영역으로 논리적 생각과 판단, 선악을 판단하고 감정 및 충동을 억제한다. 가장 고등영역으로, 특히 인간에게 발달되어 있기에 이를 '인간의 뇌'라고 부른다.

이 세 부위는 발달 과정과 속도가 모두 다르다. '파충류의 뇌'는 이미 태어날 때부터 완성되어 있기 때문에, 우리는 태어나자마자 바로 심장이 뛰고 숨 쉴 수 있고 본능적인 행동을 한다. '포유류의 뇌'는 사춘기 말에나 완성되고, '인간의 뇌'는 20대 후반에 일차적으로 완성되나 그 이후에도 계속 발달한다.

아이들은 아직 '포유류의 뇌'인 변연계가 완성되지 않았고, '인간의 뇌'인 대뇌피질에서 이성으로 감정을 통제하지 못하기 때문에 쉽게 두려움에 빠질 수 있다. 갖가지 감정에 예민하게 반응하는 것도, 충동적인 감정에 빗나간 행동을 보이는 것도 모두 우리 뇌의 영향이다.

예민한 행동 뒤에는 두려움이 있다

동우는 이제까지 느껴본 적이 없던 감정들에 매우 당황스럽다. 요즘 들어 아무것도 하고 싶은 게 없고, 별것도 아닌 일에 신경질을 낼 때가 많다. 가끔씩 누군가를 때리고 싶고, 물건을 부숴버리고 싶어져서 깜짝 놀라기도 한다. 혹시 내 몸 어딘가 이상해진 것은 아닐까? 마치 나쁜 아이가 된 것 같아 무섭다. 엄마와 아빠, 선생님 앞에서는 아무 일도 없는 것처럼 내색하지 않으려 하지만, 동우 마음속에는 자신도 이해하지 못한 감정들이 자꾸만 솟는다.

아이의 다양한 행동과 고통의 근원에는 두려움이 존재한다. 앞서 말한 분노나 우울, 불안 모두 그 내면에는 두려움이 숨겨져 있다. 두려움 자체는 나쁜 것이 아니다. 두려움은 인간의 삶을 유지하는 데 꼭 필요한 감정이다. 만약 두려움이 없다면 우리는 무모한 일들을 꺼리지 않을 것이고, 결국 생존의 문제가 생길 것이다. 하지만 주변 상황에 비해 두려움이 너무 많다면 과도한 에너지를 쓰게 되고, 다른 감정들이 튀어나오게 된다.

아이가 느끼는 두려움의 근본 원인은 뇌의 미성숙에 있다. 인간의 뇌에서 감정의 중추는 변연계로, 사춘기 말경에 완성된다. 변연계 중 편도체에 자극이 가해지면 두려움을 느끼게 된다. 이러한 편도체가 미숙하거나 예민한 경우 더 큰 두려움을 느끼며, 불안과 공포를 일으키고 분노를 표출하기도 한다. 또한 아이는 논리적인 추론을 담당하는 전두엽이 미성숙한 상태로 논리적, 객관적인 사고가 어렵고, 앞으로 벌어질 일을 예상할 줄 모른다. 자기 나름대로는 논리적 판단이라고 하지만, 자기중심적이고 주관적이다. 그렇기 때문에 자기 예상대로 흘러가지 않거나 남들이 공감하지 않는 경우 극단적인 감정을 표현할 때가 있다.

엄마의 이해와 공감이 두려움을 이기게 한다

아이의 내면에 두려움이 보인다면 먼저 엄마도 두려워할 때가 있음을 알려주는 것도 좋다. 엄마도 두렵고 겁날 때가 있으며, 스트레스를 받고 화나고 슬퍼한다는 것을 알면, 아이는 조금 안심이 될 것이다. 다음으로 두려움을 느끼는 건 나쁜 게 아니라고 이야기해준다. 아이는 엄마의 말을 듣고 삶이 항상 행복할 수만은 없다는 것을 깨닫고, 부정적인 감정도 다른 감정과 마찬가지로 자연스러운 것임을 배우게 된다.

"별것 아니니, 걱정하지 마."라며 아이의 두려움을 부정하거나 "뭐 그런 거 가지고 그러니?"라며 아이를 무시하는 말은 아이에게 별로 위로되지 않는다. 오히려 자신의 두려움을 엄마에게 숨기려 하거나 자신이 잘못되었다고 생각할 것이다. 아이의 두려움을 인정하고, 엄마도 그렇게 느낄 때가 있다고 말해주면, 아이는 두려움을 자연스럽게 받아들이고 오히려 두려움이 사라지는 걸 느낀다. 부정적인 감정을 그대로 수용함으로써 이를 이겨낼 힘을 지니는 것이다.

두려움의 근원에는 소외와 분리에 대한 두려움이 있다. 그 중심에는 엄마가 존재한다. 하지만 언제까지나 엄마와 함께 있을 수는 없고,

결국은 떨어져야 하는 날이 온다. 이러한 헤어짐을 연습하는 시기가 소아청소년기이고, 이를 준비하기 위해 공부하고 여러 사회적 기술을 익히는 것이다. 이러한 활동을 통해 우리 아이의 뇌는 무럭무럭 자란다. 뇌가 잘 성장하면 결국 두려움을 이겨내고, 스스로 자립하는 힘을 갖춘다.

아이의 뇌가 잘 성장한다면 두려움과 이로 인한 감정들에 덜 휩싸인다. 또한 두려움이나 분노, 우울, 불안함을 느껴도 성숙하게 대처해 능동적으로 극복할 수 있다. 그때까지 변연계와 대뇌피질이 잘 성장할 수 있도록 돕고, 아이가 심리적으로 위축되거나 하나의 감정에 매몰되지 않도록 도와주어야 한다. 그 시작과 끝에 엄마의 이해와 공감이 있다.

어느 날,
사춘기가
찾아오다

요즘 TV를 보면 육아프로그램들이 많이 나온다. '엄마', '아빠'도 제대로 부르지 못하던 아이들이 숫자를 세고 노래를 부르는 것을 보면, 아이들의 시간은 우리보다 빠르게 지나가는 느낌이다. 귀엽던 아이들이 훌쩍 커서 카메라 눈치를 보는 것을 보면 세월 참 금방이란 생각이 든다.

실제 생활에서 우리 아이들도 마찬가지다. 한참 예쁜 아이들을 보면 이대로 시간이 멈춰 버렸으면, 더 이상 자라지 않았으면 하는 생각이 들 때가 있다. 하지만 언제나 아이일 것만 같은 자녀들도 가는 세월을 막을 수는 없다. 언젠가부터 엄마, 아빠를 피하고 무슨 비밀이 그렇게 많은지 자기 방에서 나올 생각을 안 한다. 좋아하는 아이돌 그룹에 대해 말해줘도 부모들은 누가 누구인지 구별이 가지 않는다. 아이의 사춘기가 올 거라고 생각하고는 있었지만, 이렇게 갑작스러운 변화가 오리라곤 예상하지 않았기에 부모들은 당황스럽다.

육체적, 심리적으로 변화가 많은 사춘기, 틱을 가진 우리 아이들은 어떤 변화를 겪을까?

증상이 가장 심한 12살

준수는 초등학교에 들어가자마자 얼굴을 찡그리고 머리를 한쪽으로 끄덕이며, 양쪽 팔을 바깥으로 비트는 틱 증상이 나타났다. 준수 엄마는 걱정이 됐지만, 몇 달이 지나자 증상이 줄었고 간혹 증상이 없을 때도 있어서 그대로 내버려두었다. 준수가 6학년으로 올라가는 겨울방학부터 갑자기 새로운 틱이 나타났다. 목구멍 깊은 곳에서 나는 것 같은 '흠흠' 소리가 생기더니, 어깨를 돌리고 목을 쭉 빼기도 했다. 원래 있던 틱 증상도 심해져 준수가 옆에 있을 때면 신경이 쓰여 다른 일을 할 수 없다.

틱 장애와 투렛 장애 모두 정의상 만 18세 이전에 생긴다고 하나,

실제로는 대부분 그보다 훨씬 어린 나이에 시작한다. 일반적으로 남녀 관계없이 만 5~7세에 시작해서 만 10~13세 무렵 가장 심해진다. 문제는 증상이 심해지는 시기가 아이들의 사춘기와 겹친다는 것이다. 2차 성징이 빨라져 요즘에는 빠르면 초등학교 고학년부터, 늦더라도 중학생이 되면 사춘기에 접어든다. 가뜩이나 예민해지는 시기인데 틱 증상까지 심해지니 아이들은 심리적으로 더욱 불안정해진다. 이 심리적 불안정은 아이에게 스트레스로 작용하여 다시 틱 증상을 악화시키는 악순환을 만든다.

12살경 틱 증상이 심해지는 원인으로 성 스테로이드가 영향을 미친다는 주장이 있다. 남성 호르몬 스테로이드는 틱 증상을 악화시킨다고 알려졌는데, 이 스테로이드가 사춘기에 급격히 늘어나기 때문에 증상이 심해진다는 것이다.

또한 청소년기는 '시냅스 가지치기' 현상으로 뇌 구조에 변화가 일어난다. 시냅스 가지치기란 신생아 때 엄청나게 만들었던 시냅스를 줄이는 것으로, 익숙한 시냅스는 남기고 불필요한 시냅스를 제거하는 것이다. 이 과정에서 뇌 안의 정보 교류에 많은 변화가 생긴다. 이것을 사춘기 시기 뇌의 확장공사 혹은 뇌의 리모델링이라고 표현하기도 한다. 이러한 가지치기로 인한 변화가 아이의 뇌를 불안정하게 만들어, 사춘기에 틱 증상이 심해진다.

감정의 변화가 더욱 심해지다

승우 엄마는 승우가 하교하는 시간이 가까워지면 마음이 조마조마해진다. 현관문이 열리는 소리가 들리면 가슴이 철렁 내려앉는 것 같다. '오늘 학교에서 무슨 일이 있는 건 아니겠지?' 아이 표정이 좋지 않으면 어떤 말을 꺼내야 하나 아무 생각도 나지 않는다. 방문을 열고 들어가 걱정거리가 있는지 물어야 할지, 아니면 가만 놔두는 게 좋을지 몰라 마음만 졸인다. 어떤 날은 밝은 표정으로 들어와 살갑게 굴지만 이게 얼마나 갈지, 어떻게 변할지 몰라 마냥 좋지만은 않다.

사춘기 아이들처럼 틱을 가진 아이도 사춘기 시기 감정 기복이 심해진다. 신경질적으로 변하고, 고집도 세어진다. 좋아하던 것을 내밀어도 싫다며 짜증내서 엄마를 당황스럽게 만든다.

틱이 있으면 예민한 경우가 많아서 남들보다 사춘기가 힘겨울 수 있다. 아이들 마음속에 있던 분노, 우울, 불안함, 두려움이 이 시기 더욱 커지고, 짜증과 반항으로 감정을 표현할 때가 많다. 특히 틱과 관련된 이야기하는 것을 싫어한다. "요즘 틱이 심해지던데, 혹시 학교에서 힘든 일 있었니?"라고 물어보면 "아, 몰라. 그런 거 없다니깐."라고 퉁명스럽게 답하기 일쑤다. 틱에 관해 도움 되는 이야기를 꺼내려 하면 아이는 잔소리로 여겨 자기 방으로 도망쳐 버린다. 틱 이야기를 금기시 할 필요는 없지만, 아이가 상처입지 않도록 조심스럽고 자연스럽게 접근해야 한다.

자기보다 약한 사람에게 폭력을 쓰거나 물건을 훔치고 가출하는 등 품행장애가 보인다면 좀 더 상황이 심각하다. 이는 틱 자체보다는 충동을 이기지 못하는 주의력결핍 과잉행동 장애를 동반할 때 더욱 자주 보인다. 특히 10살 이전에 보이면 예후가 좋지 못하다. 품행장애는 학교나 사회규칙을 어기는 경우 큰 제제를 받을 수 있기 때문에, 아이를 보듬는 동시에 강한 규율을 만들어 지키도록 해야 한다.

좋아질 것인가, 나빠질 것인가? 갈림길에서

사춘기는 특히 틱 아이들에게 더욱 중요하다. 사춘기란 아이의 몸에서 어른의 몸으로 탈바꿈을 하는 시기다. 몸의 변화가 생기듯, 틱도 심한 변화를 보인다. 틱이 어른까지 남을 것인가, 아니면 사라질 것인가가 사춘기에 결정된다.

성인 틱이라고 해서 어른들도 틱 증상을 있는 경우가 있다. 아이들에게 보이는 틱의 양상과 비슷하지만 대부분 몇 가지 증상만으로 고착화된다. 보통 어릴 때보다는 증상이 약해지지만, 증상이 좋아지거나 나빠지지 않고 일정하게 유지된다. 이러한 성인 틱은 대부분 어릴 때부터 있던 틱 증상이 사라지지 않은 것으로, 14세 이후에 처음 틱이 생기는 일은 매우 드물다.

운동틱과 음성틱을 동반하는 투렛 장애를 예로 들자. 투렛 장애의

1/3은 심한 틱 증상과 기능 장애가 성인까지 남고, 1/3은 증상이 가벼워진 상태로 성인까지 이어지며, 1/3은 증상이 사라진다. 바로 사춘기 때에 이 중 어디에 속할지가 결정된다. 이 말은 반대로 사춘기를 잘 넘기면 그 이후 틱이 발생할 가능성은 적다는 뜻도 된다. 실제로 만 10~15세에 제대로 치료를 받아서 증상이 사라진다면 성인이 되어 재발할 가능성은 극히 적다.

사춘기 시절 증상이 심각하고, 동반장애가 많을수록 성인까지 틱이 이어질 가능성이 높다. 사춘기에 틱 증상이 덜하고, 동반장애의 영향을 적게 받으려면 조기 치료가 필요하다. 틱 치료는 결국 사춘기를 어떻게 넘기느냐에 달렸다고 말해도 과언이 아니다. 틱을 조기에 치료하는 목적은 틱을 당장 사라지게 하는 것도 있지만, 사춘기에 심해지는 증상을 최대한 줄이고, 발생 가능한 동반장애를 미리 알아보고 대처하는 데 있다.

다른 질환과 마찬가지로 틱도 이미 증상이 심해진 후에는 치료가 어려워진다. 틱 증상이 오랜 기간 사라지지 않거나 빠르게 진행된다면 전문가의 도움을 받는 것이 좋다. 증상이 심해지기 전에 치료하는 것이 치료 기간을 줄이고, 틱으로 인한 각종 괴로움에서 아이를 도와주는 길이다.

아이의
자아존중감을
키워주자

세상의 모든 부모는 자녀가 행복하기를 바란다. 공부를 잘하고 직업으로 성공하기를 원하며, 타인에 대한 포용과 자기 애정을 가지고 세상을 살아갔으면 한다. 아이를 정서적으로 안정되게 만들고 사회적, 도덕적인 삶을 살아가도록 만드는 것이 바로 자아존중감이다.

자아존중감이란 자신을 긍정적으로 바라보고, 가치 있는 존재로 인식하는 것을 말한다. 자존감이라고도 하는데, 이는 아주 어릴 때부터 부모와 주변 사람들의 태도와 행동, 말과 신뢰를 통해 형성된다. 교사나 부모, 친구들에게 칭찬보다 지적을 많이 당하고 자주 혼난다면, 스스로를 부정적으로 인식한다. '나는 이상해', '아무도 나를 좋아하지 않아'라고 생각해 낮은 자존감을 갖게 되고, 분노나 우울증, 불안을 보이기도 한다. 반대로 자신의 행동에 대해 부모와 가족, 교사의 칭찬과 지지를 받고, 자신의 능력을 충분히 발휘할 수 있도록 도움을 받는다면 자존감은 높아진다.

자존감이 중요한 이유는 아이의 인격형성에 중요한 역할을 하기 때문이다. 자존감이 높은 아이는 자신을 귀하게 여기기 때문에 스스로를 사랑하며, 이러한 자기애를 바탕으로 다른 사람 또한 이해하고 사랑할 줄 알게 된다. 이러한 이해와 사랑은 건전한 인격 형성을 돕고, 친구관계나 성적에도 긍정적인 영향을 미친다.

아이의 틱만 바라보다 보면 아이가 지금 어떻게 살고 있는지 놓치기 쉽다. 물론 틱이 사라진다면 가장 좋겠지만, 틱을 없애는 것만큼 지금의 삶 역시 중요하다. 틱이 있는 동안에도 아이는 행복해야 하고, 지금 하려는 일이나 공부에도 성공해야 한다. 새롭게 도전하기를 두려워하지 않으며, 도전한 일은 끝까지 해내려 노력하는 끈기가 필요하다. 이 모든 것에 자아존중감이 관여한다.

틱을 가진 아이는 여러 이유로 자존감이 낮아질 수 있다. 시끄러운 소리나 이상한 행동으로 주변 사람들이 짜증을 낼 수 있고, 이에 대해 지적받거나 괴롭힘을 당하기도 한다. 자기가 일부러 한 게 아닌데도 억울하게 혼나고, 일부러 반항하는 것으로 오해받기도 한다. 주변에서 여러 번 '문제아' 취급을 당하면 아이는 그것이 사실이라고 믿어버리게 된다.

자존감이 높은 아이는 틱이 변하거나 주위의 반응이 달라지더라도 크게 휘둘리지 않는다. 증상이 심해져도 다시 좋아질 것이라 믿으며, 불길한 생각에 빠져 자기 일을 포기해버리지 않는다. 자신의 증상을 수용하고 다른 사람들의 부정적인 반응이 오해에서 생기는 것임을 이해한다.

어린 시절 자존감은 부모에 의해 크게 영향을 받는다. 얼굴을 찡그리거나 이상한 소리를 낸다고 야단치거나 화내지 말고, 충분한 이해와 지지를 보낸다면 틱에 대해 부정적으로 보지 않는다. 틱이 있지만 이는 어쩔 수 없는 것이고, 자신은 다른 능력과 장점 역시 갖고 있다고 깨닫는 것이 중요하다. 부모는 틱으로 인해 자존감이 낮아지는 것을 막고 자신감을 회복할 수 있도록 도와야 한다. 자존감을 통해 아이는 더욱 수월하게 틱을 이겨낼 수 있고, 주체적이고 긍정적인 삶으로 나아갈 수 있다.

무슨 말이든 일단 아이 말을 들어보자

나 혼자 멀리 떨어져 있는 기분이 드는가? 세상에 나를 이해해줄 사람은 아무도 없다고 느끼는가? 어른뿐만 아니라 아이들도 이와 같은 생각이 들 수 있다. 자신의 생각과 의견이 수용된다는 것, 이해받는다는 것은 아이의 자존감이 자라는 데 매우 중요하다. 존중받고 이해받아본 경험이 많을수록 자신을 긍정적으로 바라보며, 이러한 긍정을 바탕으로 관계 맺기에 자신감이 생기고, 자존감도 높아진다. 이해받아본 경험이 없다면 남을 이해하는 데도 어려움을 겪는다.

아이의 생각과 마음을 알고 이해하려면, 아이의 지치고 상처받은 마음을 달래려면 올바른 대화가 필요하다. 많은 부모가 자녀와 대화를 원하지만, 의도대로 흘러가는 경우가 드물다. 아이는 대화를 거부하기 십상이고, 부모가 아이에게 하고픈 이야기를 편하게 해보라고 하지만, 결국 일방적인 설교로 끝나기 일쑤다.

대화를 잘하고 싶다면 먼저 잘 들어야 한다. 자기 말을 듣지 않는 사람과는 누구도 대화하고 싶지 않다. 잘 듣는다는 것은 진심으로 듣는 것이다. 아이의 말에 꼬투리를 잡으려 하거나 충고나 잔소리를 하려고 듣는다면 아이는 입을 다물 것이다. 아이의 말을 잘 들어주는 것만으로도 아이는 관심과 사랑을 받고, 존중받는다고 느껴 심리적 안정감을 가진다.

아이 말에 귀 기울인다는 것은 단순히 말을 듣는 게 아니라 적절히 반응하고, 공감해주는 것이다. 특히 아이의 감정에 공감해야 한다. 아이의 감정은 변화가 심하고 극단적으로 흐르거나 어른의 눈에는 이해하기 어려운 구석이 많다. 때로는 자기감정을 정확히 모르거나 양가감정으로 혼란스러워한다. 틱을 가진 아이는 예민할 때가 많고, 감정도 불안정하다. 아이의 말이나 행동에서 지금 감정이 어떠한지, 어떻게 변하는지를 세심하게 살펴보아야 한다.

"왜 그러는데?"라고 이유를 묻거나 "무슨 애가 그런 소리를 하니?"라고 핀잔을 주기보다는, 아이가 느끼는 감정을 그대로 수용해주자. 부모가 자신의 감정을 알아주었다는 것만으로 아이는 안도하고, 쉽게 안정을 되찾는다. "정말 괴로웠겠구나." 혹은 "엄마라도 화가 많이 났을 거야." 같은 공감하는 말을 듣는다면 아이는 '내가 잘못한 게 아니구나.' 싶어 안도하고, 사랑과 관심을 받는다고 느껴 자존감이 높아진다. 반대로 부모가 자신의 감정은 아랑곳하지 않고 딴 얘기만 한다면, 아이는 이해받지 못한다고 느끼고 무시당하고 미움을 받는다고 생각하여 자존감이 낮아진다.

아이의 재능은 부모가 찾아주자

'이건 알려준 적이 없는데 어떻게 알고 하는 걸까? 혹시 우리 아이가 천재인가?'

한 번쯤 이런 생각을 해보지 않은 부모는 아마 없을 것이다. 하지만 불행히도 영특했던 아이들 대부분은 점점 평범한 아이로 변해간다. 자녀에게 틱이 생기면 증상과 함께 아이의 단점이 하나둘 보이기 시작한다. 행동이 다 비정상 같고, 고집도 세고 화를 잘 내어 성격마저 이상해 보인다. ADHD나 강박증, 학습장애 등을 동반한다면 걱정은 더 심해진다. 우리 아이처럼 한심한 아이는 없을 것 같다는 생각마저 든다. 기대는 실망으로 바뀐다.

과연 우리 아이는 잘하는 게 하나도 없을까? 당연히 그렇지 않다. 장점이나 재능이 없는 아이는 없다. 단지 부모가 원하는 재능이 없을 뿐. 그렇다면 아이의 재능을 어떻게 하면 찾을 수 있을까?

첫째, 아이의 재능을 찾기 위해서는 아이를 있는 그대로 보아야 한다. 내가 원하는 틀에 아이를 맞추려다 보니 못난 모습만 보이는 것이다. 아이가 지니지 않은 것을 애써 뒤진다고 한들 나오겠는가? 내가 원하는 가치를 아이에게 투영시키지 말자. 아이의 가치는 당신이 보지 못하는 뒷면에 숨겨져 있다. 아이를 있는 그대로 바라보고 인정해야만 아이의 재능이 모습을 드러낸다.

둘째, 아이가 즐기는 일에서 재능을 찾아보자. 아이의 흥밋거리를 관심 있게 바라보아야 한다. 재능이란 보통 타고난 것이라 여기지만, 숱한 경험과 연습의 결과로 개발되는 것이다. 오랫동안 자주, 많이 하기 위해서는 일단 아이가 재미있어야 한다. 아이가 오랫동안 흥미를 잃지 않고 재미있어 하는 것을 찾아보자. 노력하는 사람이 즐기는 사람을 이길 수 없다고 하지 않는가. 아이가 즐거워하는 일에 재능이 있을 가능성이 높다.

아무리 보아도 우리 아이는 잘하는 게 없는 것 같은가? 그렇다면 아주 작은 것이라도 아이에게서 긍정적인 면을 찾아보자. 재능이란 외국어를 빨리 익히고, 수를 빨리 계산하는 것에만 한정되지 않는다. 하워드 가드너의 다중지능이론에 의하면 언어지능과 논리수학지능 이외에도 대인관계를 잘 맺거나, 신체능력이 뛰어나거나, 내적 성찰을 잘하며, 자연탐구를 잘하는 것도 모두 재능으로 본다. 친구를 두루 사귀거나 애완동물에게 애정을 주는 것, 공룡 이름을 잘 외우는 것 같이 부모 눈에 별것 아닌 것들이 아이의 재능을 나타내는 단서일 수 있다.

또한 아이의 단점도 당신이 생각을 바꾼다면 장점이 될 수 있다. 아이가 쓸데없는 걱정을 잘하는가? 그것은 당신의 자녀가 다른 아이보다 책임감이 강하기 때문이다. 목소리가 지나치게 크다면 그건 자신감이 넘친다는 의미다. 아이가 산만하고 정신이 없다면 그 속에 창의성과 재치, 다른 아이에게는 없는 새로운 생각이 있을 가능성이 높다.

틱이 있는 아이들도 수많은 재능과 장점이 있다. 어떠한 장애도 빛나는 보석 같은 아이의 재능을 감추지 못한다. 자기 스스로 조절할 수 없는 틱 때문에 다른 아이와 비교당하고, 부모를 실망시킨다고 느끼면 아이는 더욱 위축되고 부정적으로 변한다. 반대로 부모가 아이의 재능을 알고 인정해주면 아이는 스스로 가치 있는 사람으로 여긴다. 이러한 자신감이 자존감을 높이는 데 큰 역할을 함은 두말할 필요가 없다.

칭찬하라! 아낌없이!

아이의 재능을 알았다면 이를 표현해주자. 칭찬을 통해 아이는 부모가 자신을 얼마나 사랑하고 관심 있는지 느끼고, 자신의 능력을 꾸준히 발휘하게 된다. 틱을 가진 아이는 꾸중이나 지적, 놀림이나 따돌림 등에 의해 자아상이 부정적인 경우가 많다. 이럴수록 칭찬해서 아이의 자아존중감을 키워주어야 한다. 긍정적인 피드백은 아이를 안정적으로 만들고 자신감을 높여준다. 진심 어린 따뜻한 격려, 칭찬 한마디가 아이들에게 큰 힘이 된다.

그렇다면 칭찬이 무조건 좋기만 할까? 칭찬은 많이 할수록 좋다는 일반적인 믿음과 달리, 오히려 아이에게 해가 되기도 한다. EBS에서 방영한 〈칭찬의 역효과〉를 보면 어떻게 칭찬하는가에 따라 아이의 행동이 달라짐을 알 수 있다. "짧은 시간에도 노력을 많이 했구나."라는 칭찬을 들은 아이들은 답안지를 보지 않고 자기 힘으로 문제를 푼 반면, "너 머리가 좋구나.", "똑똑해."라는 칭찬을 들은 아이들은 기대에 부응하고자 답안지를 보는 부정행위를 해버렸다. 또한 "잘한다.", "머리가 좋구나."라는 말을 들은 아이들은 더 이상 도전하지 않고 계속 쉬운 문제에 머물렀지만 "쉽지 않았을 텐데 끝까지 노력했구나."라는 말을 들은 아이들은 어려운 문제에 적극적으로 도전하는 모습을 보였다. 잘못된 칭찬은 아이를 소극적으로 만들고, 잘못된 길로 이끌 수 있다.

칭찬은 과정 중심으로 해야 한다. 결과를 언급하기보다는 그 결과가 나오기까지 한 노력에 대해 칭찬해야 한다. "우리 희원이가 1등을 했구나. 역시 아빠 딸이야."란 말을 들으면 혹시 다음에 1등을 못하면 어쩌나 걱정스럽다. 하지만 "매일 꾸준히 공부하기가 쉽지 않은데, 열심히 공부하니 성적이 올랐구나. 네가 정말 대견하다."는 칭찬은 부담스럽지 않고, 계속 노력하고 싶은 마음이 들게 한다.

또한 칭찬은 무엇을 잘했는지 구체적으로 말해야 한다. "아주 잘했어.", "훌륭해." 같은 막연한 칭찬은 공허하게 들려 아이에게 아무런 감흥도 주지 못한다. 혹은 원래 의도와 전혀 다른 것을 칭찬하는 걸로 오해할 수도 있다. "아까 동생이 투정부릴 때 잘 달래줘서 고마워.", "수영장을 두 번이나 왕복했다고? 아주 대단한걸!" 이렇게 구체적으로 칭찬한다면 아이는 더 잘하고 싶은 의욕이 생길 것이다.

아이의 성품이나 인격, 육체적 · 정신적인 특징에 대해 칭찬하는 것은 피해야 한다. 하임 기너트 박사의 《부모와 아이 사이》를 보면 "너 참 착하구나.", "넌 정직한 아이야.", "힘이 아주 세구나." 같은 말은 아이에게 부담과 심리적인 압박을 준다고 설명한다. 사실 자신의 본모습은 그렇지 않다고 생각해서, 반대 행동으로 부모의 기대감을 떨어뜨리려 할지도 모른다는 것이다. 직접적으로 착하다, 정직하다, 힘이 세다고 말하지 않아도 아이가 노력하고 성취한 일들, 도움을 준 것에 대해 구체적으로 표현한다면, 아이는 자신의 긍정적인 면을 이끌어낼 수 있다. 예를 들어 "짐이 많아서 집에 오기가 걱정됐는데, 진수가 도와주니 쉽게 해결됐구나. 고맙다."란 말을 한다면 직접 말하지 않았지만 '나는 착해', '나는 친절한 사람이야', '나는 힘이 세'라는 결론을 스스로 내리게 된다.

칭찬을 통해 아이를 조종하려는 것 역시 경계해야 한다. 자신이 조종당한다고 느끼면 아이는 더 이상 칭찬을 순수하게 받아들이지 않는다. 또는 칭찬에 의존적인 아이로 변해 자신의 의지가 아닌 부모의 기준에 스스로를 맞추려 할 수 있다. 아이에게 관심과 사랑을 주되, 부모가 원하는 것을 잘해서가 아니라, 나라는 존재 자체만으로 사랑받는다고 느끼게 해야 한다.

책임감을 부여하자

무작정 아무 이유 없이 칭찬하는 것은 좋지 않다고 했다. 그렇다면 어떨 때 칭찬하는 것이 가장 좋을까? 바로 아이에게 책임감을 부여하고, 그 일에 대해서 칭찬하는 것이다. 책임감 있는 일을 맡으면 자신이 도움이 되고, 가치 있는 일을 한다고 느낀다. 이로써 자신을 더욱 긍정적으로 판단하게 되고, 자아존중감 역시 높아진다.

자기 방 청소하기, 식사 준비 돕기, 심부름하기, 동생과 놀아주기, 애완동물 돌보기 등이 아이의 책임감을 높여주는 좋은 예다. 아이가 부담스러워하지 않도록 작은 일부터 시작하자. 부모가 필요하다고 생각되는 걸 일방적으로 시키기보다는, 아이와 함께 상의해야 더 능동적으로 임한다. 항상 아이가 꼭 필요한 존재임을 상기시키고, 아이의 판단과 능력을 신뢰한다는 걸 보여주자.

규칙적인 계획이나 생활 규칙을 아이 스스로 정하는 것도 좋다. 계획을 세우면서 아이는 자립심이 늘고, 부모가 간섭하지 않아도 스스로 지키지 못한 일을 반성한다. 그 결과 부모는 쓸데없는 잔소리나, 아이와 싸울 일이 줄어든다.

틱 아이들은 과잉보호를 받거나, 스스로 선택할 기회를 잃는 경우가 많다. 다른 형제에게 할 일을 넘기거나 부모가 대신해주어 수동적으로 변한다. 특히 여럿이 함께하거나, 다른 사람들 앞에 서는 상황을 만들지 않으려 하는데, 아이가 불안이 심하지 않다면 그럴 필요가 없다. 그런 상황에서 성공 경험을 쌓는다면, 아이의 자신감은 더욱 높아질 것이다. 스스로 해결할 수 있는 과제를 적절하게 준다면 아이는 성취감을 느끼고 긍정적인 자아를 만드는 데 도움이 된다.

Chapter
03

틱이 있는 아이의 학교생활, 무작정 떨지 말자

아이의 다른 행동, 달라진 친구들의 시선

학고 유명인사가 된 아이

"씨X놈아."

순식간에 교실은 쥐 죽은 듯 조용해졌다. 몇몇 아이들만 뒤돌아보았을 뿐 어떤 변화도 일어나지 않았다. 선생님의 당황스러운 표정을 보니, 교실 맨 뒤에 앉은 동준이 목소리가 선생님 귀에까지 들린 것이 분명했다. 선생님은 체념한 듯 아무 말 없이 헛기침을 하고는 다시 수업을 했다.

'수업시간만이라도 이러지 않았으면 했는데.'

동준이는 짜증나고 화가 나서 선생님 말씀에 귀를 기울일 수 없었다. 교실 밖으로 뛰쳐나가고 싶은 충동이 여러 번 솟구쳤지만 또 사고를 칠 수는 없는 노릇이었다. 다행히 얼마 후 수업을 마치는 종이 울렸고, 동준이는 바로 가방을 들고 교실 밖을 나섰다. 억눌린 설움이 폭발한 것일까? 교실 밖으로 나오자마자 눈물이 쉴 새 없이 흘러내렸다.

"씨X 병신같은 놈."

이번에는 틱이 아니었다. 누구에게 하는지도 모를 욕지거리를 뱉었지만, 마음은 여전히 답답했다. 아무래도 오늘은 더 이상 수업을 듣기 힘들 것 같다. 올해 들어 벌써 몇 번째인지 모른다. 수업을 포기하다시피 하고 틱을 참아보지만, 한 번씩 사건이 터지고 만다. 특히 오후만 되면 증상이 심해져 목을 심하게 돌리고, 머리를 옆으로 꺾는 증상이 나온다. 도저히 참을 수 없는 것은 음성틱이다. '악' 소리가 나거나 욕이 튀어나오면 그날 수업은 망친 것이나 다름없었다. 조용히 복도에 나가거나 양호실에서 쉬는 것이 차라리 마음이 편했다. 선생님들도 차라리 내가 교실에서 사라지는 걸 좋아하는 것 같았다.

욕설틱이 나타나면서 동준이는 선생님들 사이에서 유명인사가 되었다. 아니, 전교생 사이에서 유명인사가 되었다는 말이 정확할 것 같다. '몸을 떨고 소리 지르는 녀석', '선생님한테 욕하는 학생'이 동준이에게 붙여진 이름이다. 처음 보는 친구들이 손가락질을 하고, 쑥덕거리며 지나갔다. 동준이 앞에서는 안 그런 척하지만, 자신에 대해 이야기하고 있음을 알 수 있었다.

'그래. 이건 내가 하는 게 아니야. 난 아무런 잘못이 없어.'

마음속으로 수없이 되뇌지만, 내 안에 괴물이 사는 것 같다는 생각이 파고든다. 점점 이 괴물은 커져 틱만이 아니라 자신을 통째로 삼킬 것 같다. 조그마한 일에도 쉽게 화났고, 한번 화가 나면 도저히 참을 수 없었다. 무언가 부수고 던져버리고 싶은 충동이 일었다. 거친 말들을 해대고, 행동거지가 달라졌다.

이제는 틱 때문이 아니라, 진짜로 문제 행동을 하는 학생으로 변해버렸다. 학교에서 나를 통제하는 모든 것들이 싫어서, 온갖 핑계를 대고 학교를 빠져나가려 했다. 누가 나를 쳐다보는 것이 거슬려서 시비를 걸었고, 사람들이 많은 곳에서도 기분이 나쁘면 소리를 지르고 싸움을 했다. 엄마가 학교에 여러 번 불려 왔고, 아빠와 형은 나를 죽도록 마구 때렸지만 나를 완전히 바꿀 수는 없었다. 사고를 칠 때마다 '이제는 엄마 말을 잘 듣고, 학교생활도 잘해야지' 하고 다짐하지만, 분노가 치밀어 오르면 내 힘으로 조절할 수 없다는 느낌이 든다.

학교에 가니 아이가 점점 소극적이 되다

준영이 엄마는 요즘 생각이 많아 잠을 이루기 힘들다. 이제 곧 방학이 끝나고, 새 학기가 시작되기 때문이다. 매번 새 학기가 시작되고, 친구들이 바뀔 때마다 준영이는 학교생활에 적응하는 데 애를 먹었다.

"넌 왜 눈을 계속 깜박여?"

"얼굴 찡그리는 거는 윙크하려는 거야?"

새 친구들은 준영이의 낯선 행동에 큰 관심을 보였다. 준영이는 처음에 친구들이 무슨 말을 하는지, 자기가 무슨 행동을 하기에 그러는지 전혀 몰랐다. 하지만 여러 번 이런 질문을 듣고, 친구들이 자기 얼굴을 자꾸 쳐다보니 준영이도 뭔가 잘못됐다는 생각이 든 모양이다.

"엄마, 내 얼굴이 이상해? 애들이 계속 쳐다보니까 신경 쓰여."

"아니야. 준영이 얼굴이 예뻐서 친구들이 시샘하는 거야. 엄마가 보기에는 예쁘기만 한걸? 그러니깐 너무 신경 쓰지 마."

아이에게 말로는 괜찮다고 했지만 엄마도 걱정되는 것은 마찬가지였다. 확실히 학교에 다니기 시작하면서 아이의 증상은 심해졌다. 어릴 때는 자세히 보지 않으면 증상을 알기 어려웠는데, 이제는 잠깐만 봐도 아이가 얼굴을 찌푸리다가 찡긋거린다는 걸 알 수 있다. 아이들이 뭔가 이상하다고 느낄 만했다. 가만히 두면 좋으련만 9살 아이들의 호기심을 막을 수는 없었다. 악의로 물어보는 것도 아니고, 친구에게 관심 갖는 것을 어쩌겠는가? 선생님이나 엄마가 이러한 일로 개입할 수는 없는 노릇이다. 그렇다고 해서 준영이에게 틱 장애에 대해 알려 준다는 것은 생각하기도 싫었다. 일단 아이 수준에 맞춰서 설명하기가 어렵고, 혹시 아이가 상처받을까 두려웠기 때문이다.

그러던 어느 날인가부터 준영이가 달라졌다는 느낌이 들었다. 학교에서 돌아올 때마다 아이는 시무룩한 표정이었고, 점점 말수도 줄었다. 학교에서 어땠냐고 물어봐도 어물쩍 넘어갈 뿐 좋다 싫다 얘기하지 않았다. 담임선생님 역시 이러한 느낌을 받았다고 했다. 처음에는 친구들과 잘 어울렸는데, 언젠가부터 혼자 있으려고 한다는 것이다. 수업시간에 앞을 보지 않고, 고개를 숙이고 혼자서 끄적거리는 때가 많다고 했다. 그룹 활동을 할 때도 혼자 동떨어져 딴짓을 하고, 수업 참여도도 떨어진단다. 선생님이 물어봐도 대답 대신 숨어버리고, 발표 때에도 간신히 들릴 만한 목소리로 빨리 끝내버렸다. 쉬는 시간에는 혼자 자리를 지켰다. 친구들이 다가오면 얼굴을 가리고 숨는 게 아무래도 사람들이 자기를 쳐다보는 것을 피하는 것 같았다.

준영이 엄마는 아이가 점점 소극적으로 변하는 것이 마음 아프다. 없는 살림이라도 준영이가 원한다면 뭐든 해주고 싶은데, 도통 원하는 것이 없다.

"축구교실 가볼까? 미술학원에 갈래?"

엄마의 말에 아이는 잠깐 흥미를 보이다가도 곧 뾰로통해져서는 안 한다고 한다. 3년간 잘 다니던 피아노 학원도 지난달부터 쉬고 있다. 자신감도 많이 떨어진 것 같다. 아빠와 장난감 조립을 하다가 잘 안 되면 곧 포기해버린다. "몰라, 난 못해."란 말이 입에 붙어서 문제를 풀다가 막히면 금방 책을 덮어버렸고, 그림책이 아닌 책들은 도무지 보지 않는다.

어떻게 하면 아이가 자신감을 찾을 수 있을지, 친구들 앞에서 당당하게 행동할지 준영이 엄마는 궁금하다.

학교는 사회생활의 첫걸음이다

요즘 아이 셋 이상인 집을 찾기란 쉽지 않다. 핵가족화가 매우 빨라져 1980년에는 5인 이상 가구가 50%에 육박했지만 2010년에는 8%로 줄었고, 특히 7인 이상 가구는 1980년 15.2%에서 2010년 0.45%로 급감했다. 가족의 수가 줄면 아이들이 접하는 관계 역시 줄어든다. 가족이 7명일 때 1,000개 가까운 관계의 수가 4명이 되면 25개로 줄어든다.

아이들의 자아는 관계를 통해 성숙하고, 가정은 아이들이 관계를 최초로 맺는 공간이다. 이 관계들을 통해 아이는 자기감정을 적절히 표출할 줄 알게 된다. 서로 다른 감정들과 교류하며, 다양한 상황에 적절하게 대처하는 법을 배운다. 가족의 수가 줄면서 관계의 수도 줄었지만, 관계를 맺는 사람이 부모나 할머니, 형제 한 명 정도라 관계의 폭 역시 매우 좁아졌다. 비슷한 상황이 반복되고, 비슷한 감정이 표출되며 이에 따른 대응 역시 제한적이다.

이에 비해 학교에 가면, 일단 사람 수가 많다. 2010년 통계에 의하면 우리나라 유치원은 평균 21명, 초등학교는 26.6명이 한 반을 이룬다. 이제까지 경험하지 못한, 어마어마한 관계가 생기는 것이다. 학급

안에서는 일대일 관계만이 아니라 일대다수, 그룹대그룹까지 각 역할에 맞게 자기 행동과 감정을 조절해야 한다. 또한 친구는 물론 선생님, 언니오빠, 동생들까지 다양한 대상이 있어 관계의 형태 역시 다양해진다. 이러한 상황에서 엄마도 없이 오직 혼자서 모든 것을 결정해야 하는 것이다.

그렇지만 학교는 아이에게 우호적인 공간이 아니다. 가기 싫어도 가야 하고, 수업시간은 물론 쉬는 시간에도 정해진 행동만 할 수 있다. 엄마와 떨어진 낯선 공간에서 각자 개성이나 성격과 관계없이 1년간 꽉 짜인 일정에 맞춰야 한다. 아이들의 감정과 욕구 역시 억압받는다. 아이들은 말과 행동, 태도에 따라 평가받으며, 감정이나 욕구도 정해진 범위 안에서만 행할 수 있다. 아이들은 겁나고 혼란스럽다. 마치 파도에 휩싸인 것처럼 감정의 혼돈을 느끼고 불안해한다.

이것은 우리나라만의 상황이나 교육의 문제가 아니다. 아이가 드디어 사회생활을 시작한 것이다. 가정이라는 울타리, 모두 내 편인 가족을 떠나 한 개인으로 세상과 마주한 것이다. 관계의 시작이 가정이라면, 사회의 시작은 학교다. 학교를 통해 아이들은 사회생활의 첫걸음을 내딛는다. 이제 아이는 다시 태어나기 위해 한 세계를 파괴하고, 날아오른다.

학교에 보내면서 엄마도 떤다

민희가 유치원을 다닌 지도 어느덧 두 달이 지났다. 작년에도 유치원에 보내려 했지만, 엄마와 떨어지면 세상이 사라지는 양 울어재끼는 바람에 실패했는데 올해는 성공한 것이다. 그러나 기쁨도 잠시. 아이를 유치원에 보내고 마음의 여유도 찾고 취미생활도 하려던 민희 엄마의 꿈은 산산조각 나버렸다. 민희가 10분이 멀다 하고 엄마를 찾아 선생님이 아이를 달래기 위해 매번 전화를 걸어 엄마 목소리를 들려줘야 했다.

"엄마 아무 일 없는 거지? 아프면 안 돼. 도망가면 안 돼."

처음에는 엄마를 걱정하는 딸이 귀여웠지만 점점 그 시간이 짧아지니 두려워졌다. 화장실도 자주 가고, 끊임없이 손을 씻는단다. 선생님이 민희를 버거워하는 것이 느껴졌다. 선생님은 전화할 때마다 매번 죄송하다고 말하지만, 정작 선생님 뵐 면목이 없는 건 민희 엄마다. 시간이 지나면 좀 나아지겠지 생각했지만 갈수록 전화 간격은 짧아지고, 전화에 신경 쓰느라 취미생활은 꿈도 못 꾸고 있다.

'이렇게까지 해서 학교를 보내야 하나?'

강준이 엄마는 담임선생님과의 면담을 마치며 생각했다. 올해 들어 벌써 세 번째 면담이다. 며칠 전 강준이는 친구와 싸웠다. 문제는 싸움 자체가 아니다. 교무실에 간 강준이가 선생님들 앞에서 반성은커녕 퇴학을 시키든 말든 알아서 하라며 난리를 쳤다는 것이다. 하필 학생부 선생님이 본데다, 교칙을 엄격하게 지키려는 추세라 이번에는 징계를 피하기 어렵다고 한다. 다행히 교내 봉사활동으로 마무리됐지만, 다음번에는 이 정도로 끝나기 어렵다고 선생님이 당부한다. 교무실을 나서는 발걸음이 무겁고, 복도에 뛰어다니는 아이들이 마치 다른 세상에서 온 것처럼 비현실적으로 느껴졌다. 좀 있으면 강준이가 집에 올 텐데 화를 내야 할지, 달래줘야 할지 모르겠다. 남편과 상의하려 해도 남편 성격에 분명 불같이 화만 낼 거라 머릿속이 복잡해졌다.

아이보다 더 긴장하는 부모들

초등학교 입학통지서를 받으면 아이보다 더 긴장하는 게 부모다. 이렇게 작은 아이가 벌써 학교에 가다니…. 이제 학부모라는 기대감과 함께 왠지 모를 불안감이 엄습한다.

우리 어릴 때만 해도 초등학교 입학 준비는 가방 사주는 것 정도였다. 그에 비하면 요즘 엄마들은 준비할 것이 많다. 일단 학교 자체도 국립, 공립, 사립초등학교뿐만 아니라 국제학교, 특성화 공립학교 등 다양해졌다. 한글을 떼는 것은 물론 또래에 뒤처지지 않을 만큼 선행학습도 해야 하고, 3학년부터 시작한다지만 미리 영어공부도 해둔다. 40분간 앉아서 공부할 수 있게 집중력을 길러줘야 하고, 체력을 위한 체육활동도 미리 해야 한다.

학교에 보내는 것만으로 이렇게 신경 쓸 게 많은데, 아이에게 병이 있다면 엄마 마음은 어떨까? 안타깝게도 틱이 가장 많이 시작되는 만 7세는 초등학교 입학 시기와 겹친다. 부모는 아이 틱만으로도 신경 쓰이는데, 이로 인해 학교생활에 영향을 받을까 걱정이 많아진다.

틱 증상 자체로 학교생활에 직접 영향을 주지는 않는다. 다만 밖으로 드러나는 증상이 있어서 선생님과 친구들의 관심 대상이 된다. 틱 증상은 아주 흔하게 볼 수 있는 것이 아니기 때문에 이상한 아이, 특이한 아이로 낙인찍힐 수 있고, 때론 따돌림이나 놀림을 받거나 괴롭힘을 당하기도 한다. 아이의 성향에 따라 이 경험들로 폭력적으로 변하거나 반대로 위축될 수도 있다. 때로는 소극적으로 변해서 수업이나 학급활동에 참여하지 않거나 아예 사람을 피하려 하기도 한다. 이렇듯 틱 장애는 우울이나 불안 등 아이들의 감정을 혼란스럽게 하는 원인이 될 수 있다.

아이가 감정적 혼란을 겪는 걸 바라보는 것은 매우 힘든 일이다. 내가 대신 아파줄 수도, 잘못이 없는 친구들을 혼내줄 수도, 그렇다고 학교를 옮길 수도 없는 노릇이다. 이러다 말겠지 하다가도 혹시 아이에게 씻을 수 없는 상처가 되는 것은 아닐까 걱정된다. 특히 부모가 틱이나 동반장애를 경험해 학교나 사회에서 어려움을 겪은 적이 있다면 더욱 그럴 것이다. 아무리 자식은 부모를 닮는다고 하지만, 이런 것까지 물려주고 싶은 부모는 없다. 학교에 보내면서 항상 내 곁에 있던 아이들이 어느덧 내 손을 떠나 있는 시간이 길어진다. 아이들이 엄마와 떨어지면서 불안함을 느끼듯, 엄마들도 아이를 학교에 보내면서 불안해진다.

우리나라
학교에서만
겪는 일들

미국 오바마 대통령이 우리나라의 교육에 대해 칭찬하는 발언으로 화제가 된 적이 있다. 자녀교육에 대한 열의라던가 헌신하는 모습이 미국인이 보기에 낯설기도 하고 부럽기도 한 모양이다. 초고속 인터넷이 학교마다 설치되어 있고, IPTV나 스마트 패드 등 정보 통신기술이 바로 교육시설에 활용되니 우리나라의 교육환경만큼은 매우 좋다고 할 수 있다.

이러한 높은 교육열과 투자로 급속한 경제발전과 문맹탈출이라는 큰 성과를 얻었지만, 어두운 그림자 역시 존재한다. 성적 지상주의로 인한 학생 간의 과도한 경쟁, 지나치게 많은 학습시간과 이로 인한 만성 수면부족, 과잉된 사교육이 대표적이다. 2012년 OECD 국가의 수학성적에서 한국은 2위를 했지만 1위 핀란드에 비해 2배 이상의 시간(핀란드 주 4.5시간, 한국 10.4시간)을 투자한 결과다. 또한 수학성적은 최상위권이지만, 흥미도는 최하위권이라는 웃지 못할 결과가 뒤따랐다. 2009년 '아동 · 청소년의 생활패턴에 관한 국제비교연구'에 따르면 우리나라 15~24세 학생의 평일 학습시간은 7시간 50분이다. 5시간 전후인 다른 OECD 국가에 비해 2시간 이상 길다. 이에 비해 수면시간은 7시간 30분으로 다른 OECD 국가에 비해 1시간 정도 적고, TV 시청은 절반 수준, 운동시간은 그보다도 적은 것으로 드러났다. 이렇듯 공부에 많은 시간을 들이지만 학업성취도는 큰 차이가 없어 학업효율이 떨어지는 것으로 밝혀졌다. 교육은 시대마다, 국가마다 다르기 때문에 일률적으로 평가할 수는 없겠지만, 우리나라의 교육환경이 학생들에게 우호적이지 않은 것은 분명하다.

틱을 가진 우리 아이들에게 이러한 상황은 어떠한 영향을 미칠까?

과도한 학습시간과 많은 숙제, 각종 과외활동에 대한 부담은 몸에 긴장을 높인다. 그 결과 틱이 심해지는 것이다. 실제로 극성 엄마로 인해 공부 압박을 많이 받으면 틱이 더 심해지고, 치료를 받아도 생각만큼 좋아지지 않는 경우가 많다. 획일화된 교육방식과 환경 또한 아이들의 성격에 따라 과도한 스트레스가 된다. 이러한 스트레스 역시 틱 증상을 악화시키는 요인이다.

또한 주의력이 떨어져서 공부에 흥미를 갖기 힘든 아이라면 수업을 따라가기 어려워 공부를 지레 포기하기도 한다. 성적이 낮으면 아이의 자존감이 떨어져 자신을 부정적으로 보게 되고, 이것은 아이의 인생에 있어 틱보다 더 큰 문제를 일으킨다.

우리나라 학교에서 일어날 수 있는 일들, 우리 아이들이 겪고 있는 일들은 다음과 같다.

공부 이외에 다른 교육이 없다

종합편성채널 중 세계 각국의 외국인들이 나와서 특정 주제에 대해 토론하는 프로그램이 있다. 하루는 이들이 '차별'에 대한 세계의 교육을 토론했다. 미국과 캐나다에서는 법적으로 성별, 나이, 인종, 출신 국가 등에 따라 차별하지 않는 걸로 되어 있고, 교육과정에서도 차별은 옳지 않다고 지속적으로 가르친다고 한다. 또한 유럽에서도 외면의 차별을 금지하고 내면의 아름다움을 중시하는 교육과정과 사회 문화가 있다고 한다.

사실 우리나라는 다민족 사회가 아니어서 차별로 인한 갈등이 크게 이슈되지 않았다. 이러한 교육과정이나 법이 없는 이유는 어떻게 보면 그럴 필요가 없는 사회였다고 볼 수도 있다. 하지만 실상을 보면 꼭 그렇지만은 않다.

우리나라에서는 대(大)를 위해 소(小)가 희생해야 한다는 생각이 널리 퍼져 있다. 가족을 위해 내가 포기해야 하고, 나라를 위해 개인이 양보하는 것을 미덕으로 여긴다. 이러한 사회적 분위기는 학교에도 영향을 미친다. 학급 분위기를 위해 튀는 행동은 삼가고, 수업 흐름을 위해 질문은 삼간다. 아이들마다 공부에 대한 열의, 수업에 참여할 수 있는 정도가 다르지만, 모두 같은 속도와 방법으로 수업을 받고 평가 받는다. 여기에서 벗어나는 아이는 전체를 위해 희생될 수밖에 없다.

나는 교과서 공부도 중요하지만, 다름에 대한 교육, 차별에 대한 교육이 있어야 한다고 생각한다. 우리는 누구나 서로 다르다는 것을 안다. 흔히 '다른 것은 틀린 것이 아니다'라고 하지만, 실제 생활에서 우리는 이것을 쉽게 잊어버린다. 그래서 '다르다'라고 말해야 할 것을 '틀리다'로 잘못 쓰는 사람들이 많은가 보다. 남보다 앞서 가라고 선행학습을 하고 사교육에 힘쓰지만, 우리는 모두 다르기 때문에 이를 존중해야 한다고 말하는 어른은 별로 없다. 이러한 다름에 대한 불인정, 혹은 몰이해가 차별을 낳는다.

차별이란 다름을 인정하지 않으려는 다수의 폭력이다. 다르다는 것은 잘못된 것이고, 차별받지 않기 위해서는 다수와 같아져야 한다고 말한다. 차별은 누가 당하는가? 주로 소수의 '다른' 사람들이다. 여기서 차별을 논하는 이유는 틱을 가진 아이들이 바로 소수의 '다른' 사람이기 때문이다. 틱을 가진 아이들이 왕따나 괴롭힘을 당하는 것은 이와 같은 흐름과 관련이 있다. 그들이 사람을 대하는 데 어려움을 겪거나 수업을 따라가기 힘겨운 것도 이와 연관된다. 다름에 대한 이해부족이 틱을 가진 아이들을 배려하지 않고 학교에 적응하기 어렵게 만든다.

결국 다름에 대한 이해를 통해 차별을 반대하고, 나와 다른 사람에 대해 배려하는 교육을 인성교육이라 부를 수 있다. 인성교육, 전인교육에 대한 이야기가 나온 지 오래 되었지만 오히려 추세는 반대로 가고 있다. 과거의 주입식 교육, 암기 위주 교육은 창의력 교육이나 자기주도학습에 자리를 내줬지만, 거기에 인성교육이 포함된 것은 아니다.

다행히 요즘 장애인에 대한 편의시설이 늘어나고 법적인 규정이 강해지고 있다. 아쉬운 점이 있다면 규정에 맞게 시설만 확충할 뿐, 인식 변화를 위한 교육이 함께하지 않는다는 것이다. 이러한 교육이 강화된다면 그 내용에는 다름에 대한 가치, 사회적 약자, 소수 사람들에 대한 배려, 차별에 대한 반대가 바탕이어야 한다. 소수의 사람, 나와 다른 사람을 위한 배려를 당연히 여기는 사회가 되어야 진정한 교육이 되었다고 말할 수 있다. 인성교육을 기본으로 하고서 각자의 역량을 최대한 키우는 방법이 필요하다.

함께 놀 시간이 부족한 아이들

아이를 키우는 엄마들끼리 대화하다 보면 "요즘 애들은 참 불쌍해." 라는 말을 많이 한다. 우리 어릴 때와 달리 학원 가랴, 학습지 하랴, 숙제하랴 도대체 놀 시간이 없다는 것이다. 하지만 이렇게 말하는 엄마들이 아이들에게 놀 시간을 주느냐? 꼭 그렇지는 않다. 아이들의 처지를 걱정하면서, 실제로 도움 되는 행동을 하지 않는다는 것은 참 아이러니다.

요즘 공원이나 아파트마다 놀이터가 잘 조성되어 있지만 실제로 그곳에서 뛰어노는 아이들은 별로 없다. 놀이나 운동마저 학교에서, 방과 후 수업에서, 학원에서 배워야 하는 하나의 공부가 되었다. 이것이 무조건 나쁘다는 것은 아니다. 다만 재밌게 놀면서 얻게 되는 긍정적인 결과를 위해서, 어떠한 목표를 세우고 그를 위한 수업을 한다면 주객이 전도된 상황이지 않나 싶기도 하다.

실제로 아이들은 놀기 위해 대부분 컴퓨터나 스마트폰으로 게임을 한다. 그간 쌓인 스트레스를 풀기 위해서지만 결국은 게임도 경쟁으로 올라가야 하는 구조라 스트레스를 받게 된다. 또한 게임은 중독성이 강하고 아이들의 뇌를 심한 흥분상태로 만든다. 게임을 하며 주고받는 상호작용은 미미하고 긍정적이지 않다. 또한 동적인 움직임도 없다. 따라서 또래와 놀면서 얻을 수 있는 수많은 인지, 감성, 신체적 발달이 잘 일어나지 않는다.

친구와 함께 놀 시간이 부족해지면서 자연스러운 감정을 표출할 기회도 줄어든다. 친구들과 놀거나 운동하다 보면, 자연스러운 감정이 표현되고, 교류하면서 적절하게 조절된다. 그런데 이러한 놀이가 없어지면서 아이들은 자기감정을 정확하게 이해하지 못하고, 혼란스러워할 때가 많아진다. 감정을 조절하고 해소하는 방법을 몰라, 편향된 감정만 표현할 때도 많다.

아이들은 놀이를 통해서 관계를 맺고 세상에 대해 알아간다. 뛰어놀다 보면 저절로 신체발달이 되고 인지, 정서, 사회성도 자라게 된다. 놀이를 통해 친구와 소통하고, 그 안에서 규칙을 만들고 지켜야 놀이가 유지된다는 것을 알게 된다. 경쟁도 하지만 협동도 하며, 때에 따라 양보해야 한다는 것을 깨닫는다. 호기심, 창의력, 리더십, 공감능력과 같은 좋은 덕목도 키울 수 있다.

함께 놀다 보면 틱이 있는 아이 역시 다르지 않다는 걸 깨닫게 된다. 틱 증상이 함께 노는 데 전혀 영향을 주지 않는다는 것을 알게 되고, 이를 통해 교우관계가 더욱 돈독해진다. 함께 노는 행위는 친구관계뿐만 아니라, 긴장을 완화시켜 틱 증상에도 도움이 된다.

아이들 개개인을 알지 못한다

1980년에 50명이 넘었던 초등학교 학급당 학생 수가 2010년에는

26.6명까지 낮아지면서 선생님들의 수업이나 상담 부담은 줄어들었다. 그러나 아직도 OECD 평균에 비해서는 학급당 학생 수가 7명, 교사 1인당 학생 수는 8명 정도 많고, 선생님의 수가 부족하여 기간제 교사 비율이 매년 높아지고 있다.

이렇듯 선생님이 부족하다 보니 선생님의 할 일 이외 잡무에도 시달리게 된다. 교육청의 행사 관련 문서나 실적 제출 같은 공문을 하루에도 수십 개 처리해야 한다. 서류더미에 쌓여 있어 수업준비를 할 수 없다는 볼멘소리가 교사들 사이에서 나오기도 한다. 이런 상황을 개선하려고 교무행정사가 도입됐지만 아직 원활한 활동을 보이지는 않는다. 선생님들이 잡무에서 벗어날 수 있다면 학생들에게 더 많은 관심을 가질 수 있을 것이다.

선생님이 아이들에 대해 잘 알지 못하는 이유로는 대화 부족도 들 수 있다. 우리나라 선생님들은 수업만 하는 존재라는 인식이 있다. 수업을 잘하고 아이들 성적을 좋게 이끌면 좋은 선생님인 것이다. 이는 앞서 말한 인성교육의 부재와 관련 있다. 선생님이 인생의 스승이 되지 못하고, 성적에만 초점을 맞추니 아이들과 개인적인 대화를 할 기회가 없다. 선생님도 그것이 자신의 할 일이라고 생각하지 않고, 아이들도 그런 상황에 어색하고 어리둥절해한다.

틱을 가진 아이들은 또래보다 감정적인 혼란이 크고 사회적 기술이 부족할 수도 있다. 아무도 날 이해할 수 없다고 느끼는 바람에 절망감에 빠지기도 한다. 때로는 반항과 폭력 같이 선생님조차 용인할 수 없는 행동도 보인다. 그럴수록 그들을 이해하고 지지하는 세심한 배려가 필요하다. 단지 한 명의 학급 구성원이 아니라 한 인간으로 보는 애정이 필요하다. 그러기 위해서는 대화가 필수다. 매일 꾸준히 대화해서 관심을 가진다면 아이의 몸과 마음을 잘 보살필 수 있고, 학교생활에도 큰 도움이 될 것이다.

선생님과 '대화가 필요해'

어릴 적 교무실에 불려갔던 적이 있는가? 내게 있어 교무실은 꾸지람을 들을 때나 가는, 평소에 보던 선생님들마저 달라 보이는 무시무시한 곳이었다. 그래서일까? 어른이 된 지금도 교무실을 상상하면 어딘가 마음이 불편하다.

이전보다 학생의 권리가 높아졌다지만 아직 선생님을 대하는 것은 학생이나 부모 모두 어렵다. 부모가 학교에 가는 것이 치맛바람 같아 보이거나, 아이가 병이 있는 게 뭐가 대수냐며 극성맞아 보일지도 모른다. 이러다가 원치 않은 일을 맡게 될까 걱정도 든다. 하지만 그렇다 해도 선생님은 중요하다. 선생님에 따라서 아이들의 학교생활이 변하고, 성적이 달라지는 것을 자주 본다. 우리도 어릴 적 선생님의 한마디로 그 과목이 좋아지기도 하고, 인생이 달라지는 경험을 했다. 아이의 성격과 자아가 올바로 정립되는 데 부모님만큼 선생님의 도움이 절실하다.

또한 단순히 함께하는 시간만 보더라도 부모님 다음으로 선생님이 많다. 부모님이 맞벌이를 하거나 바쁘다면 가장 긴 시간을 보내는 사람이 선생님일지도 모른다. 이 긴 시간 동안 아이가 조금 더 배려 받고, 이해받는다면 학교생활을 좀 더 수월하게 할 수 있을 것이다. 요즘은 웹사이트나 스마트폰을 통해 적극적으로 학부모와 소통하는 학교가 늘고 있다. 굳이 학교에 찾아가지 않아도 선생님과 소통할 방법들이 있다. 홈페이지나 카페, 블로그 등과 알림장 같은 애플리케이션을 통해 학급의 공지사항을 알 수 있다. 전화나 SNS를 통해서 선생님과 연락할 수도 있다.

아이가 만성 틱 장애나 투렛 장애가 있다면, 혹은 ADHD나 학습장애 등을 동반한다면 선생님과의 소통은 더욱 중요하다. 본인도 어쩔 수 없는 증상들로 인해 혼나거나 지적을 받는다면 아이는 매우 억울할 것이다. 이상하다는 듯이 쳐다보는 눈빛이나 과도한 관심만으로도 아이는 상처를 받는다. 그렇기에 증상을 이해하고, 학교생활에 실제적인 도움을 주는 선생님이 필요하다.

수업시간에는 더욱 그렇다. 아이들은 틱 증상에 신경 쓰느라 수업에 집중하지 못할 수 있다. 전두엽의 기능 저하로 주의력이 떨어진다면, 집중력 유지에 어려움을 겪는다. 주의력이 떨어지는 아이들은 같은 내용을 이해하고 기억하기 위해서 다른 아이들에 비해 더 많은 시간과 에너지를 써야 하며, 숙제를 잊어버리거나 챙겨가지 않기도 한다.

아이가 어느 상태인지 어떤 도움이 필요한지 선생님이 한눈에 알아보기는 어렵다. 그렇다고 아이가 스스로 "저는 틱과 주의력결핍 과잉행동 장애를 앓고 있어서 수업시간에 증상이 심해지면 잠시 복도에 나가거나 양호실에서 쉬겠습니다. 수업시간에 이상한 소리를 내거나 돌아다니더라도 이해해주시고, 숙제를 너무 많이 내주지 마세요."라고 말할 리 없다. 아이와 선생님의 사이에서 아이의 장애를 알려주고, 부족한 점이 무엇인지, 왜 그런지를 알리는 역할은 결국 부모다.

선생님께 아이의 증상을 알려야 할까?

많은 부모들이 아이의 틱을 선생님께 알려야 하나 고민한다. 괜히 먼저 얘기해서 아이에 대한 선입견이 생기지 않을까, 혹시 선생님이 아이를 차별하지는 않을까 걱정되고, 좋은 얘기도 아닌데 내가 먼저 말을 꺼낼 필요가 있을까 싶어 한다. 혹은 내가 아이를 잘못 키웠다는 것을 보이는 것 같아 부끄럽기도 한다. 엄마 커뮤니티에서도 학기 초에 선생님께 말해야 할지, 한다면 어디까지 이야기할지 의견이 분분하다.

여기에 대한 내 의견은 '알려야 한다'이다. 그것도 당당하고 떳떳하게.

왜냐하면 틱은 이상한 병이 아니기 때문이다. 부모나 아이의 잘못된 행동으로 생기는 것도, 부모의 학대나 무관심으로 아이가 벌을 받는 것도 아니다. 그저 유전적 영향 아래 환경의 조성으로 증상이 나타나는 것이다. 또한 틱은 전염성이 있는 것도 아니다. 틱을 가진 아이 옆에 아무리 오랜 시간을 있다고 해도 틱이 생겨나지 않는다. 친구들에게 큰 해를 입히는 경우도 별로 없다. 오히려 틱을 가진 아이는 자책하고 자기 자신을 괴롭히기 때문에 주위의 관심이 절실하다.

그러므로 마치 자신이 죄인이라도 된 듯 부끄러워하거나 숨길 필요가 없다. 부모가 당당하지 못하면, 아이 역시 자신이 잘못된 것이 아닐까 생각할 수 있다. 자녀도 한 학급의 당당한 일원이므로 떳떳하게 증상을 알리도록 한다. 또한 학교나 선생님께 요청하는 바가 있다면 분명하게 밝혀야 한다.

그리고 틱은 생각보다 흔한 장애다. 대략 7% 가량이 일과성 틱 장애를 앓는다고 하니, 한 반에 1명은 틱을 경험하는 꼴이다. 경험이 많은 선생님이라면 틱을 앓았던 학생들을 지도해봤을 가능성이 높다. 성공 경험, 실패 경험을 바탕으로 부모나 의사는 알지 못하는 자기만의 특출한 교육법이 있을지도 모른다. 최소한 아이에게 관심을 더 가지고, 증상과 감정을 이해하고 도우려 노력할 것이다.

선생님께는 부모가 아는 범위 안에서, 경험에서 도움이 될 수 있는 사항을 전달한다. 먼저 현재 나타나는 증상을 알려, 선생님이 놀라거나 아이에게 왜 그러냐고 묻는 일이 없도록 해야 한다. 그리고 아이의 틱 증상이 잘못된 버릇이나 반항이 아님을 알린다. 또한 이러한 행동에 대해 혼내거나 벌을 주는 것은 증상에 별 도움이 안 된다는 것도 알려야 한다. 과도한 스트레스나 집중, 흥분, 긴장, 피로 등이 틱 증상에 영향을 줄 수 있고, 아이에게 영향을 주는 특별한 요인이나 상황에 대해서도 미리 알려서 가정과 학교에서 함께 주의하도록 한다.

아이에게 동반장애가 있거나 학습이나 교우관계에 문제 요인이 있다면 역시 알린다. 이를 알기 위해 전문가를 찾아가는 것도 좋다. 설문이나 평가척도, 검사 등을 통해 아이 상태를 알 수 있고, 향후 예상되는 문제에 대해 안내받을 수 있다. 이를 바탕으로 아이의 어떤 점을 주의 깊게 볼지, 아이를 도울 범위를 어디까지 정할지, 어떤 행동을 할지 선생님과 상의한다.

선생님께 틱 증상을 알리고, 상의하는 것은 함께 걱정하자는 의미가 아니다. 한 아이가 올바로 자라게끔 학교생활에 불편함을 덜어주고, 학습과정을 잘 따라올 수 있도록 일정한 선에서 배려하자는 의미다. 아이 자신도 혼란스러울 수 있는 틱 증상에 대해 이해해주고, 이를 극복하는 데 격려를 보내자는 것이다. 이 과정을 통해 아이는 자신의 증상을 남들과 다르지만 자연스러운 것으로 인식하게 된다.

선생님과 치료과정 공유하기

이렇게 틱을 치료하는 데 선생님의 역할 역시 중요하다. 따라서 치료의 시작과 종료, 치료과정에서 변화가 있다면 선생님께 알리는 것이 좋다. 그 이유는 다음과 같다.

첫째, 틱이 호전되는지를 선생님이 체크할 수 있다. 틱 증상은 개개인의 차이가 크지만 보통 학교에서 줄어들고 집에서 심한 경향이 있다. 이는 치료과정에서도 마찬가지여서 학교에서부터 증상이 사라지는 경우가 많다. 집에서 틱 증상이 그대로여도 학교에서 줄었다면 이는 치료 효과가 나타난다고 볼 수 있다. 이런 변화에 따라 치료 방향이나 지속 여부를 결정할 수 있으니 선생님의 관찰은 필수다.

둘째, 약물치료를 한다면 약의 부작용을 선생님이 확인해줄 수 있다. 이를 위해서는 선생님 역시 지금 복용 약에서 나타날 수 있는 효과와 부작용을 잘 알아야 한다. 학교에서 더 잘 나타나는 부작용으로는 학업부진, 피로감, 무관심, 집중력 저하 등이다. 약물에 따라 식욕증가나 감퇴가 나타날 수 있으므로 식사량도 확인해야 한다. 이러한 징후가 나타난다면 부모에게 연락해달라고 미리 당부한다.

틱과 ADHD를 동반하는 아이들의 경우, 틱 관련 약을 복용하면 틱 증상은 줄지만 산만함이나 과잉행동이 심해질 수 있다. 이는 ADHD 약물에서도 마찬가지여서 주의력이나 충동성, 과잉행동에는 도움이 되지만 틱 증상은 심해지기도 한다. 그러므로 틱과 ADHD에 관한 어떤 약물을 복용하는지 미리 알고 이 현상도 주의 깊게 관찰해야 한다. 이 관찰 결과는 다시 의사에게 전해 약물을 조절하는 데 중요한 정보로 쓴다.

셋째, 틱 증상에 변화가 없어도 동반장애가 좋아지는 경우가 있다. 특히 틱과 함께 잘 나타나는 ADHD와 강박증은 뇌의 동일한 회로 영향을 받는다고 알려져, 치료에서도 밀접한 연관이 있다. 따라서 틱 증상은 그대로이지만 강박 증상이 사라졌다든가 집중력이 좋아지거나 수업시간에 조용해졌다는 등 변화가 올 수 있다. 이 같은 현상 역시 호전반응이다.

틱 치료를 중단하거나 약의 용량을 줄이거나 늘일 때도 선생님께 알려야 한다. 그래야 아이가 갑자기 달라져도 선생님들이 당황하지 않고, 아이의 변화가 약에 의한 것임을 알며 그 효과를 지켜보게 된다. 부모와 선생님 간에 긴밀하게 협조하여 치료의 정확한 효과와 부작용을 알아내면 치료의 방향을 결정하는 데 큰 도움이 된다.

학기 초가 중요하다!

워낙 증상의 변화가 많은 틱 장애라지만 학기 초만큼은 그 변화가 더욱 심하다. 아무래도 아이가 받는 스트레스나 긴장감의 영향이 아닐까 싶다. 그래서일까? 초등학교에 입학하고 나서 틱 증상이 생겼다는 부모들이 많다. 혹은 만 5~6세에 틱이 시작했어도 입학 후에 재발하거나 새로운 증상들이 나타나기 쉽다. 왜일까?

학기 초에는 아이의 모든 것이 바뀐다. 선생님과 친구들이 새롭게 바뀌고, 교실뿐만 아니라 교실분위기도 달라진다. 한 학년 더 올라갔다는 부담감은 덤이다. 선생님 역시 정신없기는 마찬가지다. 아이들 한 명 한 명을 새롭게 알아가야 하고, 잘 적응하도록 이끌어주어야 한다. 모두 정신없는 시기이지만, 아이가 학교생활에 쉽게 적응하고, 증상 악화를 막기 위해 이 시기를 잘 활용해야 한다.

선생님 면담은 학기 초, 가능하면 수업 시작 전에 하는 것이 좋다. 틱을 가진 아이는 바로 눈에 띄기 때문에 사전정보가 없다면 첫 만남부터 선생님이 놀랄 수 있다. 혹시 큰 병이 아닌가 싶어 아이에게 지나치게 관심과 걱정을 보일 수도 있다. 이를 막고자 아이의 전반적인 상황과 증상에 대해 설명하고, 학기 초에는 증상이 더 자주 보이거나 새로운 증상이 나타날 수 있음을 알려야 한다.

면담 방법으로는 담임선생님과 단독으로 만나거나, 지난해 담임선생님과 함께 만나는 방법이 있다. 전 담임선생님과 함께 대화하면 학생 지도에 도움이 되는 사항을 자연스럽게 전달할 수 있어서 더욱 효과적이다. 무엇보다도 부모와 선생님 간에 의사소통을 잘하는 것이 매우 중요함을 잊지 말아야 한다.

선생님, 이렇게 도움이 될 수 있다

"혹시 너희 반에 틱이나 투렛 장애를 앓고 있는 아이들이 있니?"

틱 장애에 대해 처음 공부할 때 초등학교 선생님인 친구에게 물어본 적이 있다. 그 친구는 처음 듣는지 그게 무엇이냐고 반문했다. 알면 보인다고 했던가? 그 후 다시 만난 친구는 학교에 틱을 가진 아이들이 생각보다 많다며, 왜 그 전에는 몰랐는지 모르겠다고 한다. 우리나라는 아니지만, 투렛 장애 환자의 담임교사 78%가 틱에 대해 전혀 알지 못한다는 연구 결과가 있다. 이런 상황에서 틱 환자들을 위한 맞춤 프로그램을 기대한다는 것은 무리일 수 있다. 틱 장애에 대한 교육 자료 역시 국내에서 개발된 것은 아직 없다.

하지만 외국의 경우 시청각 교육을 통해 담임교사와 양호교사에게 틱 장애의 원인, 증상, 치료에 대해 알려주자 틱 장애 아이를 더 이해하고, 이 아이들을 대하는 태도가 달라졌으며, 이에 따라 아이들의 증상이 줄고 재발도 감소했다는 보고가 있다.

선생님 개인이 지금 당장 틱 장애 아동을 위한 특별한 프로그램을 만들 수는 없다. 하지만 당장 쓸 수 있는 간단한 방법으로 아이들의 불편을 덜어주고, 수업에 집중하도록 도와줄 수 있다. 선생님이 틱을 지닌 아이들을 이해하고 돕는다면, 아이들은 더욱 자신감이 생기고 즐거운 학교생활을 할 수 있을 것이다.

반 친구들에게 설명해주기

틱을 가진 아이와 함께 생활하는 친구들에게 틱 장애의 원인과 증상, 친구들이 도울 방법들을 설명하는 것을 '또래 교육 프로그램'이라고 한다. 주로 초등학생을 대상으로 하지만, 그 이상 연령대에도 쓸 수 있다. 친구들에게 틱을 설명하는 건 자칫 틱 아이에게 집중되고 따돌림을 더욱 심하게 할 수 있어서 신중해야 한다. 틱을 가진 아이들은 틱을 창피해하여 학교에 알려지기 싫어하는 경우가 많기 때문이다.

반대로 이해받고 싶은 마음에 자신의 증상에 대해 알리려는 경우도 생각보다 많다. 따라서 이 프로그램은 선생님 임의대로 하는 것이 아니라 부모나 아이와 충분한 상의 후에 실시해야 한다.

틱이 심하지 않은 경우(근육틱만 보이는 경우), 수업 시간에 큰 물의를 일으키지 않는 경우, 교우관계에 문제없는 경우에는 또래 교육 프로그램을 할 필요가 없다. 임상상 초등학교 저학년인 경우에는 대부분 자신의 틱 증상에 대해 크게 인식하지 못하고, 전조감각도 없기 때문에 자신을 대상으로 하는 설명에 당황스러워 할 수도 있다. 따라서 초등학교 고학년 이상이고 심한 근육틱이나 음성틱을 동반하거나, 아이가 수업이나 학교생활에 불편을 느낀다면, 아이와 부모가 원할 경우 동의를 받아 또래 교육 프로그램을 해보는 게 좋다.

틱에 대해 설명할 때 가장 중요한 점은 틱이 절대 '전염'되지 않고, 지금 눈에 보이는 증상 외에 다른 나쁜 것을 숨기고 있는 게 아님을 알리는 것이다. 틱을 가진 친구와 함께 놀고, 서로 만지더라도 아무렇지 않다는 걸 알아야 틱을 가진 친구를 피하지 않게 된다.

틱은 비염이나 아토피처럼 날 때부터 지닌 것이라고 설명한다. 특이한 병이나 심각한 장애처럼 보여서는 안 된다. 비염이 있으면 재채기나 콧물을 참을 수 없듯이, 틱도 증상이 일어나면 참을 수 없는 것이라고 설명한다. 비염이나 아토피가 있다고 공부나 친구 사귀는 데 문제가 없듯이 틱도 마찬가지라고 말한다. 비염은 요즘 많은 아이들이 겪기 때문에 쉽게 공감을 이끌어낼 수 있다.

아이들이 틱을 가장 쉽게 이해할 수 있는 좋은 예는 '딸꾹질'이다. 딸꾹질은 누구나 한 번쯤 경험해봤고, 억지로 멈출 수 있는 게 아니란 걸 안다. 틱 증상은 겉보기에는 다르지만 딸꾹질처럼 내가 원해서 나오는 것이 아니고, 멈추려 해도 멈출 수 없는 것이라고 설명하면 쉽게 이해한다. 다만 틱은 딸꾹질보다는 쉽게 없어지지 않을 뿐이다. 그러다가 틱이 사라지면 한동안 불편 없이 지낼 수 있다. 하지만 딸꾹질처럼 예고 없이 증상이 다시 나타날 수 있다고 이야기한다면, 친구들도 틱이 있는 아동이 얼마나 불안하고 불편한지 이해하고 좀 더 다가설 수 있을 것이다.

아이가 적극적이고 자신감이 있다면 스스로 반 아이들에게 설명할 시간을 주는 것도 바람직하다. 이는 자기 자신에 대해 이야기하는 것이므로 더욱 진실성이 있고, 친구들의 변화를 이끌어내기 쉽다. 또한 이 과정으로 자신감을 얻고, 발표에 대한 불안감을 해소할 수 있다.

수업시간 배려는 이렇게!

아이가 수업시간에 틱 증상을 보인다고 해서 특별한 조치를 취할 필요는 없다. 다른 친구들과 똑같이 수업 및 학교생활에 참여하여 재능을 발휘할 기회를 받아야 한다.

가벼운 운동틱이나 음성틱을 보인다면 그것에 대해 무시하는 것이

상책이다. 선생님이 아이의 증상에 계속 신경 쓴다면, 아이는 그로 인해 긴장하거나 스트레스를 받게 된다. 그러면 증상은 더욱 심해지고, 이를 억누르려고 노력하느라 수업에 집중하기 어렵다. 선생님이 아무것도 아닌 양 증상에 대해 무시한다면, 오히려 아이는 자연스레 수업 내용에 주의를 기울이고 증상 역시 줄어들게 된다. 이러한 선생님의 태도는 고스란히 반 친구들에게 전해져, 친구들도 틱 증상을 별것 아닌 것으로 여기게 된다. 감기에 걸려 기침하는 아이가 처음에는 매우 신경 쓰이지만 시간이 지나면 무시할 수 있는 것처럼, 틱 증상도 몇 차례 무시하다 보면 크게 신경 쓰이지 않는다.

운동틱이 너무 심해 책상을 친다든가, 눈에 띄게 음성틱이 지속된다면 미리 자리배치에 신경 써야 한다. 다른 친구들이 주목할 수 있는 앞자리나 가운데는 피하고, 잠시 밖으로 나갈 수 있도록 교실문과 가까운 곳에 앉는 게 좋다. 그래야 아이가 필요한 경우 눈에 띄지 않게 교실 밖으로 나갈 수 있다.

한 반에 틱인 아이가 2명 이상 있다면, 가능한 멀리 떨어져 앉도록 한다. 전염되는 질병이 아니지만, 함께 생활하다 보면 상대방의 틱을 모방하는 경향이 있다. 특히 증상이 덜한 아이가 증상이 심한 아이의 틱까지 따라 할 가능성이 있으니 조심해야 한다.

수업 중 갑자기 틱 증상이 심해진다면, 잠시 교실 뒤에서 수업을 들으며 잦아들기를 기다리도록 한다. 증상이 도저히 조절되지 않는다면 잠시 복도에 나가 틱을 발산하거나 심호흡이나 스트레칭으로 긴장을 풀게 하는 것도 좋다. 짧은 시간에 안정되지 않는다면 차라리 양호실에 가서 휴식을 취하게 한다. 아이의 상태에 따라 어떻게 대처하는 게 좋은지 선생님과 아이가 미리 상의해두고, 해당 상황일 때는 간단한 눈빛교환이나 사인만으로 허락을 한다. 다만, 이러한 배려를 특권으로 여기지 않도록 되도록 수업은 빠지지 않도록 하고, 미리 정한 규칙에 따라 꼭 필요한 경우에만 허락한다.

필기가 어렵다면

운동틱의 경우, 제대로 연필을 쥐거나 똑바로 쓰는 데 직접 영향을 준다. 어깨를 들썩거리거나 손발을 휘돌리고 몸통에 떨림이 있다면 정상적인 글쓰기는 거의 불가능하다. 직접적인 영향이 아니어도 틱 아이들 중 상당수가 소근육의 발달에 이상이 있어서 미세한 운동에 지장이 있다. 이 경우에는 평행선 긋기 및 사각형 그리기, 원 그리기, 큰 글씨 쓰기 등의 연습으로 소근육 능력을 키우는 것이 바람직하다.

글씨 쓰기에 문제가 없더라도 실행기능, 언어기능에 종종 문제가 있는데, 이 경우에는 선생님의 설명을 요약하기 어렵고, 무엇을 적어야 하는지 혼란스러울 수가 있다. 또한 틱이 심하면 보통 반응시간이 느리다. 이때에는 수업을 들으면서 동시에 필기하기가 어려워 둘 다 실패하기도 한다.

아이가 능숙하게 필기하지 못한다면 필기 시간을 넉넉히 주고, 그래도 힘들다면 옆 친구의 필기를 나중에 따로 베낄 수 있게끔 해준다. 칠판의 글씨를 빨리 적을 수 없다면 스마트폰이나 카메라 등으로 사진을 찍거나 녹음기를 쓸 수 있게 하고, 오늘 수업내용에 대해 미리 유인물을 준비해주는 것도 좋다. 학교 방침에 위배되지 않는다면 노트북이나 태블릿 PC 등을 사용하게 하는 것도 한 방법이다.

발표는 이렇게!

틱을 가진 아이는 선생님의 질문에 답하거나 발표할 때 틱이 나빠지는 경우가 많다. 교실에 가만히 앉아 있을 때 평균 2.5회 관찰되는 증상이 말을 시키면 9번 관찰되었다는 연구 결과가 있다. 그렇다고 발표수업에서 완전히 배제시킨다면 아이는 더욱 발표에 자신을 잃을 것이다.

발표에 대한 두려움을 극복하기 위해 먼저 아이에게 선생님도 사람들 앞에서 말하는 일이 매우 떨리고 겁났다고 말해준다. 그러면 아이도 자기만 겪는 일이 아님을 알고 안심할 것이다. 선생님도 많은 학생들 앞에서 수업하기 위해 노력한 경험을 들려준다면 아이가 긴장을 푸는 데 도움이 될 것이다. 발표 전에 선생님이나 부모 앞에서 충분히 연습하고, 아이가 완전히 준비되었을 때 발표시킨다. 발표 중간에 눈

맞춤을 지속해주어 자신감을 심어주고, 틱이 심해져도 계속 이어나가도록 용기를 북돋아 준다. 설령 발표가 미흡했더라도 크게 칭찬해주고, 다음번에 더 잘할 수 있을 거라고 격려해준다.

효과적으로 숙제 내주기

숙제를 좋아하는 아이는 없겠지만, 틱 장애 아이들은 더욱 숙제에 민감한 반응을 보인다. 특히 주의력결핍 과잉행동 장애를 동반하는 경우 숙제로 인한 어려움이 상당하다.

주의력결핍 과잉행동 장애가 있다면 집중 능력이 부족해서 긴 시간 동안 한 주제로 앉아 있는 게 불가능에 가깝다. 그러다 보니 숙제를 시키려는 엄마와 싸우는 일이 허다하다. 아이는 스스로 조직화하기 힘들고 자기 통제력이 부족하기 때문에 숙제를 잊어버리기 일쑤다. 혹은 과제를 마음대로 해석해서 엉뚱하게 내놓기도 한다. 주의력결핍 과잉행동이 없어도 틱 증상에 신경 쓰느라 오래 집중하기 어려울 수 있다.

이런 상황에서 가장 효과적인 방법은 숙제를 작은 단위로 나누어 내주는 것이다. 짧은 시간 동안 집중해서 할 수 있고, 바로바로 답을 확인할 수 있는 과제를 내주는 것이 좋다. 아이가 숙제를 하지 않았다고 혼내면 공부에서 영영 멀어질 수 있어서 바람직하지 않다. 숙제를 끝내지 못하면 다음 날이나 정해진 시기까지 꼭 보완하게 하고, 하다만 숙제는 한 부분까지만 평가하고 다음번에는 끝마칠 수 있도록 독려한다.

아이들이 숙제를 잊어버리지 않도록 알림장과 시간표를 이용한다. 이 알림장은 선생님과 학생, 부모가 함께 확인한다. 시간표에 숙제 시간을 정해놓고 그 시간에는 숙제해야 한다는 걸 충분히 인식시킨다.

시험은 조금 다르게

선진국에서는 틱 아이들을 위해서 추가 시험시간을 주거나 시험 동안 움직일 수 있도록 배려한다. 그 밖에 시험 중간에 휴식을 주기도 한다. 하지만 우리나라에서는 의사의 소견서가 있더라도 이러한 배려를 받기란 쉽지 않다. 그렇다면 실제적으로 선생님이 도울 수 있는 건 무엇이 있을까?

다른 친구들에게 피해를 주지 않고 아이가 시험에만 집중할 수 있도록 구석자리에서 시험을 보도록 한다. 친구들이나 학부모의 동의를 받아 따로 한 공간에서 시험을 보도록 하는 것도 방법이다. 시험 도중 선생님이 쳐다본다고 느끼면, 아이는 더욱 긴장해서 증상이 심해지고 시험을 망칠 수 있다. 아이가 편안하게 집중할 수 있는 환경을 조성해 주는 것이 중요하다.

결국은 사랑이다

틱을 가진 아이가 우리 반에 있다면 매우 신경 쓰이는 게 사실이다. 가벼운 틱이라면 그나마 괜찮을 텐데, 인지저하가 있거나 학습능력이 떨어진다던가, 수업에 집중하지 못하고 또래관계에 어려움이 있는 상황이라면 도대체 어디서부터 도와야 하나 머릿속이 까매진다. 평범한 아이 열 명보다 복잡한 아이 한 명이 더 힘든 법이다.

틱이 생기기 전에는 학교에서 무탈하게 지내다 틱이 생기면서 친구관계나 학습에 지장이 있는 경우를 자주 본다. 그만큼 틱이 아이의 학교생활에 큰 영향을 미친다는 소리다. 틱을 가진 아이들은 수업시간에 가만히 있는 것처럼 보이지만, 틱을 억제하려고 많은 노력을 기울이고 있다. 수업을 방해하고 싶지 않고, 선생님과 친구들에게 이상하게 보이고 싶지 않기 때문이다. 선생님 입장에서는 겉으로 보이지 않기 때문에 다행스럽게 여길 수 있지만, 아이는 틱을 억제하느라 수업을 완전히 망쳐버리기도 한다.

틱을 가진 아이가 수업에만 전념할 수 있도록 편안한 교실 분위기를 만들어야 한다. 틱을 적절하게 표출하면서도 친구들과 어울릴 수 있는 방법을 연구하고, 그런 상황이 어색하지 않게 만들어야 한다.

틱 아동과 눈 맞춤을 자주해 자신감을 심어주고, 따뜻한 미소로 아이의 마음을 편안하게 해주게끔 한다. 아이의 행동이 성에 차지 않아도 긍정적인 면을 찾아서 자주 칭찬해준다. 칭찬은 틱 증상에도 도움이 된다.

특수한 상황의 아이를 지도할 때는 개인의 특수한 상황을 충분히 인식하고, 적합한 계획을 세우는 것이 원칙이다. 다른 아이는 다른 방식으로 교육해야 한다. 모든 아이를 똑같이 대하는 것이 평등이 아니다. 각자의 상황에 맞춰 자신의 능력을 최대한 발휘할 수 있도록 도와주는 것이 교사의 역할이다. 아이들을 모두 같은 잣대로 바라보고 평가하지 않도록 한다. 결국 사랑과 관심이 우리 아이를 변화시킨다.

놀림과
괴롭힘에
맞서는 법

사람들은 대체로 생김새가 다르거나 다른 행동을 하면 경계하고 공격적인 행동을 보인다. 아이들은 본성에 충실하기 때문에 그러한 모습이 더욱 쉽게 나타난다. 다른 모습을 보이는 아이를 놀리거나 괴롭히는 것은 학교에서 보이는 대표적인 차별행동이다.

틱은 주로 얼굴이나 사지에 나타나기 때문에 눈에 쉽게 띈다. 이 때문에 틱을 가진 아이가 학창 시절 놀림이나 괴롭힘을 당할 가능성은 매우 높다. 만약 ADHD가 함께 있다면 자기중심적이고 산만하며, 충동적이거나 폭력적인 행동도 보인다. 그래서 친구들의 짜증을 일으켜 더 괴롭힘의 대상이 되기도 한다. 또한 틱을 가진 아이는 정서가 불안정하고 감정기복이 심해서 놀림에 즉각 반응할 때가 많다. 놀리는 아이들은 이 같은 반응을 재밌어 해서 점점 심하게 놀려댈 수 있다.

놀림과 괴롭힘은 어떤 이유든 나쁜 행동이기 때문에 즉각 대처해야 한다. 놀림과 괴롭힘을 당하면 아이의 정서와 학교생활, 학습태도, 성적에 큰 영향을 미친다. 당장 우울하거나 불안함을 보일 뿐만 아니라 먼 훗날까지 외상 후 스트레스 증후군을 겪을 수도 있다. 단체생활을 힘들어하거나 수동적이고 소극적인 성격으로 변하기도 한다. 부모의 힘만으로 해결하기 힘든 일들은 학교나 관련 단체의 도움을 받는 것도 좋다.

남의 이야기인 줄 알았던 왕따

동준이에게 초등학교 5학년은 지우고 싶은 기억이다. 어쩜 그렇게 거친 아이들만 있었을까? 그때를 생각하면 동준이는 아직도 두려움이 앞선다.

"그때만 해도 제가 되게 작았거든요. 뭐 지금도 큰 키는 아니지만, 그때는 정말 작았어요. 아무래도 작으니까 제가 만만해 보였나 봐요. 그 애들은 평생 안 볼 거예요. 그냥 싫어요. 무섭거나 그런 건 아닌데,

그냥 마주치기 싫어요."

동준이가 집단 따돌림을 당한 건 교육열이 치열하기로 유명한 학교로 전학을 가면서부터였다. 이전 학교에서 동준이는 꽤 예쁨을 받는 학생이었다. 가끔 친구들과 싸우고 수업태도에 문제가 있기도 했지만 성적도 나쁘지 않고, 특히 미술시간에는 생각지도 못한 표현을 보여 창의력이 높다는 이야기도 자주 들었다. 담임선생님이 틱과 ADHD에 대해 잘 알고 있어서 친구들에게 동준이 증상을 잘 설명해주었고, 동준이의 과제나 숙제에 대해 너그럽게 넘어가 주었다.

새로운 학교에 와서도 처음에는 문제가 없었다. 오히려 옆에서 챙겨주지 않아도 숙제를 알아서 하고, 친구와도 싸우지 않아서 엄마는 안심했다. 그러던 어느 날 동준이 눈 밑에 큰 생채기가 생겨서 집으로 돌아왔다. 엄마가 깜짝 놀라 물어보니 오래 전부터 자기의 틱을 따라 하고 놀리는 패거리들이 있었고, 최근에는 몸싸움도 여러 번 있었다는 것이다. 숫자와 체격에서 밀린 동준이는 참다못해 가위로 그중 한 녀석을 찔렀고, 아주 큰 싸움으로 번졌다. 결국 이 일은 학교에 큰 이슈가 되었고 엄마는 학교 선생님과 여러 번 면담해야 했다. 일은 잘 마무리되었지만 흉기를 사용한 동준이는 벌을 받아 반성문을 써야만 했다.

문제는 이 사건으로 끝나지 않았다는 것이다. 처음에는 동준이를 괴롭히는 건 그 패거리 4명뿐이었지만, 점점 늘어나 나중에는 반 전체가 동준이를 따돌리기 시작했다. 동준이 바로 뒤에서 얼굴을 찡그리며 따라 했고, '헉', '악악' 소리를 내면서 놀려댔다. 동준이는 그럴 때마다 즉각 화를 냈고, 이러한 모습에 아이들은 오히려 즐거워했다. 수업시간에 발표하거나 대답할 때도 음성틱이 나오면 아이들은 그것을 따라 하며 낄낄댔다. 담임선생님도 아이들을 몇 번 혼냈지만, 반 아이들이 모두 동준이를 놀리고 따돌리자 혹시 동준이에게 다른 문제가 있는 건 아닌가 생각했다.

"잘 기억나지 않지만 나도 모르게 욕이 나온 것도 그때쯤인 것 같아요. 원래 욕을 좀 하기는 했어요. 왠지 욕을 하면 저를 만만하게 보지 않을 거 같았거든요. 근데 언젠가부터 저도 모르게 욕이 나오더니, 이제는 시도 때도 없이 튀어나와요. 말할 때마다 욕이 나오지 않을까 걱정하고, 머릿속에 온통 그 단어만 들어 있는 것 같아서 짜증나요."

중학생이 된 동준이는 더 이상 집단 따돌림을 당하지 않는다. 하지만 그때 기억 때문인지 많이 거칠어졌고, 화를 쉽게 참지 못한다.

"아이 눈빛이 바뀐 거 같아요. 겁을 내면서도 사나워졌다고나 할까? 좀 공격적인 모습이 많아요. 자기 말로는 강해 보이려고 일부러 그런다는데, 그건 아닌 거 같아요. 아무래도 사춘기 시작할 때라서 내심 충격이 컸었나 봐요."

아이를 놀린다면 어떻게 할까?

영훈이는 오늘도 유쾌하다.

"잠깐, 그렇게 하는 게 아니라니깐? 어깨 한쪽을 내려야지. 하하하, 맞아. 그렇게."

영훈이는 자신의 틱을 따라 하는 친구들에게 정확한 자세를 알려주며 코치한다. 영훈이는 목을 한쪽으로 꺾고 어깨를 돌리는 틱이 있다. 처음에 친구들은 영훈이의 모습에 무서워하고 도망가기도 했다. 그러더니 몇몇 아이들이 영훈이의 틱을 따라 하고 놀려댔다. 영훈이는 자주 겪어봤다는 듯 당황하지 않았다. 오히려 아이들에게 다가가 자신의 증상을 알리고, 이렇게 하는 거라고 알려주기까지 했다. 친구들은 그런 모습에 놀라워했고, 미안함을 느꼈는지 더 이상 영훈이를 따라 하지 않았다.

모든 아이들이 영훈이 같다면 좋겠지만, 사실 그럴 수 있는 아이는 많지 않다. 혼자서 끙끙 앓다가 분노가 폭발해 싸움이 나거나 울음이 터진 다음에야 엄마들은 사실을 알게 된다. 아이가 놀림을 받았다는 사실을 알았다면 가장 먼저 아이의 기분에 공감해주고, 다친 마음을 어루만져주자. 설령 아이가 놀림을 받을 만한 충분한 이유가 있어 보여도 "네가 잘못한 것은 없니?"라고 말하지 않는다. 어떤 상황이든 아이는 잘못이 없고, 놀리는 친구가 나쁘다며 아이의 편을 들어주어야 한다. 이러한 정당성은 아이가 친구에게 당당하게 나설 수 있는 기반이 된다. 그리고 놀림당해 무너져버린 자존감을 회복하는 데 중요한 역할을 한다.

학교에서 자신을 놀리는 친구에게는 다음과 같이 대처하도록 알려주자.

첫째, 무시하고 아무 반응도 하지 않는다. 계속해서 놀리는 이유는 그에 대한 반응이 재밌기 때문이다. 하지 말라고 소리 지르기, 정색하기, 화를 내거나 울음을 터뜨리는 것은 놀리는 친구들을 더욱 즐겁게 만든다. 그냥 무시해버리면 얼마 지나지 않아 재미가 없어져 더 이상 놀리지 않게 된다.

둘째, 그대로 동의한다. 이름으로 놀릴 때 "네 말이 맞아.", "그래. 난 깜박이야." 등으로 당당하게 맞장구치면 놀리던 친구는 자신이 예상한 반응과 달라 금세 흥미를 잃고 만다.

셋째, 예상 밖의 대답으로 받아넘긴다. 간단한 말로 당당하게 이야기한다. "그래서?", "정말?" "그건 유치원 때나 듣던 말이다. 새로운 것은 없어?" "그건 좀 유치하지 않니?" 등의 말로 상대를 당황시킬 수 있다. 하지만 상대를 자극할 수 있기 때문에 위협적인 상황에서는 피해야 한다.

넷째, 지금 자신이 느끼는 감정을 명확히 표현한다. "네가 그럴 때마다 기분이 나빠."라든가 "놀리는 네가 나쁜 거야."라고 분명하게 말한다.

혹시 우리 아이도 괴롭힘을?

우리 아이가 학교에서 무슨 일이 있었는지 알기란 쉽지 않다. 가장 좋은 방법은 아이와 대화하며 학교생활에 문제는 없는지 알아보는 것이다. 대화를 이끌어내기 위해 아이가 고민거리나 일상적인 이야기를 부모에게 거리낌 없이 얘기할 수 있는 분위기를 만들어야 한다. 평소에 대화를 많이 하고, 어떤 이야기를 해도 혼나지 않는다는 생각이 들어야 아이가 맘속 이야기를 꺼내 놓는다. 단, 아이에게 꼬치꼬치 캐묻는 대화는 안 된다. 아이가 거짓말을 하거나 대화를 거부할 수 있다.

괴롭힘에는 흔히 생각하는 폭력 이외에도 별명을 부르거나 행동을 따라 하는 정도도 포함된다. 아이를 아예 무시해버리거나 혼자 떨어뜨려 놓는 왕따도 괴롭힘의 한 형태다. 아이가 말하지 않아도 다음과 같은 변화가 보인다면 괴롭힘을 의심할 수 있다.

괴롭힘을 당하는 것을 유추할 수 있는 10가지 징후

1. 학교에 가기 싫어한다.
2. 물건을 자주 잃어버린다. 특히 값비싸거나 아이가 소중하게 여기는 물건을 잃어버린다.
3. 몸에 멍이 잘 생긴다. 부모가 물어보면 아이는 넘어졌다는 등으로 넘긴다.
4. 용돈을 자주 요구한다.
5. 휴대전화 받기를 싫어한다.

6. 특별한 이유 없이 전학가고 싶다고 한다.

7. 우울, 분노, 짜증 등 감정 변화가 잦다.

8. 잠을 못 이루거나 꿈을 많이 꾼다.

9. 자다가 소리를 지르는 야경증이나 이불에 소변을 보는 야뇨증이 발생한다.

10. 갑자기 성적이 떨어진다.

아이를 향한 괴롭힘을 알았다면

괴롭힘을 당하는 것은 단순한 놀림보다 아이에게 더 큰 영향을 미치기 때문에 즉각적으로 대응해야 한다. 애들이 다 그러면서 크는 거라고 넘기다가는 자칫 상황이 심각해질 수 있다. 아이에게 진지한 모습으로 다가간다. 아이에게 책임을 전가하지 말고, 부모가 적극적으로 나서야 한다. 절대 회피하거나 묵인해서는 안 된다. 부모가 확실히 알아야 할 것은 괴롭힘이나 왕따가 친구 간의 단순한 싸움이나 다툼이 아니라는 사실이다. 바쁘고 귀찮다고 해서 다음으로 미루거나 모른 척한다면 아이는 더 큰 상처를 입을 수도 있다.

일단 부모가 흥분하지 말고 침착해야 한다. 아이가 괴롭힘을 당했다는데 놀라고 속상하지 않을 부모는 없을 것이다. 하지만 먼저 자신의 감정을 다스려야 아이가 겁내지 않고, 제대로 대처할 수 있다.

먼저 아이가 하는 이야기를 차분하게 듣고 위로해준다. 이야기 도

중 아이의 대처가 잘못된 것 같거나 좋은 방안이 생각나더라도 이야기를 끝까지 듣고 난 후에 말한다. 편안한 상태에서 말해야 아이가 안정을 찾으니, 아이 말이 길어지거나 조리가 없어도 다그치지 않는다. 중요한 것은 이 괴롭힘을 멈추기 위해 부모가 어떤 일이든 할 것임을 아이에게 알리는 것이다. 이야기를 듣다 보면 우리 아이의 문제점이 먼저 보일 수도 있다. 하지만 그렇더라도 남을 괴롭히는 행위가 훨씬 나쁜 것임을 명심해야 한다. 괴롭힘을 당한 아이를 꾸짖는 것은 아이를 두 번 상처 주는 일이다. 괴롭힘에 대처하는 기본 명제는 '결코 피해학생이 지금 이 문제의 근본이 아니며, 원인을 제공하지 않았다'는 것이다.

"친구한테 할 말은 네가 스스로 해.", "왜 맞고 있어? 같이 때려.", "네가 뭔가 잘못했으니까 친구들이 그러는 거 아니야?", "좀만 참으면 지나갈 거야.", "친구끼리 그럴 수도 있는 거지." 이런 말들은 절대 금물이다.

괴롭힘은 부모와 학교가 함께 해결해야 할 문제다. 결코 아이 혼자 해결하게끔 떠밀지 않는다. 아이가 혼자가 아니고, 부모가 옆에서 지지해준다고 느끼게 해야 한다. 등교를 거부하거나 우울, 불안, 공포, 야경증, 야뇨증, 악몽 등이 있다면 전문가의 도움도 생각해보자.

학교와 함께 대처하는 방법

아이가 학교에서 괴롭힘을 당한다면 학교와의 공조는 필수다. 초기에 학교에서 어떻게 대응하느냐에 따라 왕따나 학교폭력은 심각해질 수도, 가볍게 지나갈 수도 있다. 먼저 같은 반 친구에게 괴롭힘을 당한다면 담임선생님을, 다른 반이거나 학년이 다르다면 학생주임이나 교장선생님에게 면담을 요청한다. 선생님과 대화할 때에도 부모 자신의 감정을 진정시키되, 사건에 대하여 날짜와 사건별로 조목조목 설명한다. 아이와 대화하며 파악한 상황에 대해 묻고, 학교에서 이 사실을 알고 있는지 확인한다. 알았다면 어떤 조치를 취했는지, 이를 방지하기 위해 어떤 노력을 했는지, 같은 상황이 반복될 때 어떻게 할 것인지를 구체적으로 묻는다.

학교에서 취할 조치를 들어본 후에도, 계속해서 아이에게 같은 일이 일어나는지 관심 있게 살펴보아야 한다. 선생님이나 학교 관계자와의 면담에 대해 자세히 기록하고, 향후 대처를 서면으로 작성하고 확인받는 것이 좋다. 막연한 구두 약속은 추후 책임소재를 가리기가 어렵다.

간혹 가해학생이나 그 부모를 따로 만나보고 싶을 때가 있을 것이다. 그러나 개인적으로 만나서 담판을 짓는 것은 자칫 문제가 커질 수 있고, 감정싸움으로 이차적인 문제를 야기할 수 있어서 권하지 않는다. 꼭 만나야겠다면 학교에서 연락을 취하는 방식으로 선생님과 동반해서 만난다. 아이의 문제가 어른의 싸움으로 번지는 것은 가장 피해야 할 상황이다.

친구들을 포섭하거나 어른이 아닌 친구에게 맡기는 것 역시 더 큰 문제가 생길 수 있다. 특히 폭력이 동반되거나 많은 아이가 관련된 경우 아이들의 힘만으로 해결하기 어렵다. 친구가 괴롭힘을 당하는 장면을 목격한다면 직접 나서지 말고, 주위 선생님이나 부모 등 어른들에게 도움을 청하도록 당부한다.

학교에서 방관하거나 흡족할 만한 해결책이 나오지 않는다면 상급기관이나 교육당국에 협조를 요청해야 한다. 하지만 이는 해결 가능성이 낮고, 매우 긴 싸움이 될 수 있음을 염두에 두어야 지치지 않는다.

여러 방법을 동원했지만 가해자의 처벌이 없고, 상황도 개선되지 않아 전학을 가야 할지도 모른다. 하지만 그것이 부모의 잘못이나 실패를 의미하지는 않는다. 오히려 힘든 상황을 피해 새로운 출발을 하는 것이 최고의 선택일 수도 있다. 어떤 상황이든 부모는 당당하고 긍정적인 태도를 유지해야 한다. 부모가 감정적으로 흔들리면 아이는 자기가 잘못해서 부모가 힘들어한다고 생각할 수 있다.

공부는 중요하며, 중요하지 않다

엄마들의 가장 큰 관심사라면 뭐니 뭐니 해도 공부다. 아무리 잘 나가던 친구들이나 세련된 직장인이라 해도 아이가 태어나 학교 갈 나이가 되면, 모든 관심이 아이 공부에 쏠리게 된다. 엄마 둘만 모여도 공부 이야기가 끊임없이 쏟아지고, 이 정보는 여기저기를 거쳐 확대된다. 어느 영어유치원이 좋다더라, 놀이학교가 좋다던데 괜찮을까, 누구는 선행학습을 몇 년치 했다더라 등. 아무리 소신과 주관이 뚜렷한 사람이라도 이런 이야기에 엄마들은 귀가 쫑긋 서게 된다.

틱 아이의 엄마라면 누구나 아이를 지금처럼 공부시켜도 될지, 내가 너무 욕심 부리는 건 아닌지, 아이 공부가 틱에 영향을 주는지 궁금해한다. 교육에는 정답이 없고, 아이의 능력이나 관심 정도에 따라 다르겠지만, 요즘 우리나라 교육이 너무 과열된 것은 사실이다. 이런 분위기 속에서 안 따라가자니 불안하고, 함께하자니 아이에게 큰 부담인 것 같아서 미안해진다. 과연 공부는 틱에 어떤 영향을 미칠까?

공부는 중요하다

틱을 가진 아이도 마땅히 공부해야 한다. 틱이 엄청난 병도 아니고, 학업을 중단하거나 일상생활을 포기해야 할 필요는 없다. 틱이 있어도 공부할 권리가 있고, 충분히 해낼 능력이 있다. 학업수행 능력이 부족하더라도 이는 치료를 통해서, 혹은 학습방법을 바꿔서, 주변의 도움을 받아 충분히 극복해낼 수 있다.

가끔 부모 중에 아이가 스트레스 받을까 봐, 지금 다니는 학원을 다 끊어야 하냐고 물어보는 이가 있다. 나는 아이가 싫어하지 않는다면 그대로 보내라고 말하는 편이다. 틱으로 인해 아이가 하고 싶은 걸 못하게 된다면 안 되기 때문이다. 다른 아이들이 하는 것 중에 틱 때문에 말아야 할 것은 없다. 틱이 제약으로 되는 것은 아무것도 없다.

또한 틱을 가진 아이에게 공부는 중요하다. 요즘 자주 듣는 말 중에 자아존중감이란 것이 있다. 자아존중감이란 자신이 가치 있고 긍정적인 존재라 생각하는 것을 말하며, 두 가지 조건에 의해 자라난다. 첫째, 자신이 생각하고 행동하는 것에 대해 옳다고 느끼고, 주변 사람들에게 인정받고 지지받는 것이다. 둘째, 이를 바탕으로 그것을 성공해내는 것이다. 따라서 자신이 옳다고 생각하는 행동을 하고 인정받으며, 그것을 잘 해낸다면 아이들의 자아존중감은 커질 것이다.

학생이 가장 떳떳하고 인정받을 수 있는 것이 뭐가 있겠는가? 그렇다. 바로 공부다. 그리고 그 결과물이 성적이다. 틱을 가진 아이들은 자아존중감이 떨어져 있는 경우가 많다. 주위의 부담스러운 시선과 구박, 질타로 인해 위축되기 때문이다. 이렇게 떨어진 자아존중감을 올리는 데 좋은 성적은 꽤나 중요한 역할을 한다. 자아존중감을 높여 아이의 자신감을 올리면, 자신의 증상을 가볍게 여기고, 틱을 이겨내는 데도 도움 된다. 공부를 잘한다고 해서 틱이 줄어들지는 않겠지만, 틱에 주눅 들지 않고 극복해내는 힘을 준다. 또한 공부를 잘하면 다른 아이들에게서 무시나 놀림을 덜 받는 부수 효과도 있다.

공부는 중요하지 않다

가끔씩 치료를 받으러 와서 꾸벅꾸벅 조는 아이들을 본다. 중고등학생이라면 피곤해서려니 하지만, 아직 초등학교에도 가지 않은 아이들이 그러는 것을 보면 의아해진다.

"오늘 많이 피곤하니?" 이 질문에 아이들의 대답은 한결같다.

"이거 끝나면 또 숙제해야 해요. 학원에서 시킨 것도 산더미고."

아이들의 할 일은 다이어리에 요일별로 일정이 다 짜여 있다. 그런 아이들에게 빨리 좋아지게 자주 오라고 말하기도 미안해진다. 한 조사에 의하면 초등학생 17%가 자살을 생각해본 적이 있다고 한다. 가장 큰 원인은 학업성적이다. 초등학생은 시험도 거의 없고, 입시 걱정도 없을 텐데, 공부에 대한 압박감은 적지 않은 모양이다. 17%라면 여섯 명에 한 명 꼴은 죽을 정도로 힘들다는 이야기인데, 그만큼 아이들의 학업 스트레스가 크다는 의미다.

앞서 이야기한 대로 스트레스는 틱 증상을 악화시키는 대표 요인이다. 학업 스트레스의 문제는 한 번 지나가는 일과성이 아니라는 점이다. 중고등학교에 올라갈수록 학업 스트레스가 커지면 커졌지 줄지는 않는다. 틱이 하루아침에 낫기는 어려운 만큼, 학업 스트레스는 지속적으로 틱 증상에 나쁜 영향을 줄 가능성이 크다.

또한 아이들은 공부로 충분한 수면을 취하지 못한다. 학원 네다섯 군데를 다니는 아이들이 생각보다 많다. 학원을 다니는 것도 피곤하지만, 학원 숙제, 준비해야 될 것들에 많은 시간을 쓴다. 거기에 스트레스를 풀기 위해 컴퓨터나 스마트폰 게임을 하다 보니 잠자는 시간이 더욱 늦어진다. 과도한 피로나 수면부족도 틱의 악화 요인이다.

가장 중요한 점은 공부하느라 틱 치료가 뒷전으로 밀린다는 것이다. 모든 치료가 그렇듯이 틱도 발생한 지 얼마 되지 않고, 증상이 심하지 않을 때 치료받아야 효과가 좋고, 치료기간도 줄어든다. 틱이 있음을 알고 나서도 공부시키고 학원 보내느라 치료를 차일피일 미루다가 도저히 감당 안 되는 일이 벌어져야 병원을 찾는 엄마들이 많다. 이마저 바쁘다는 핑계로 제대로 하지 못하고, 아이들이 파김치가 돼서 나타나는 일이 많다. 그래서 치료효과가 떨어질 수밖에 없다. 물론 공부에도 때가 있지만, 치료시기를 놓쳐 더 큰 문제를 만들고 있지는 않은지 살펴보아야 한다.

공부, 이렇게 챙기자

'결국 어떻게 하라는 말이야? 공부를 시키라는 거야, 말라는 거야?'

아마 지금쯤이면 답답해지는 독자들이 있을 것 같다. 정답은 아마도 그 중간쯤엔가 존재한다고 생각한다. 아이의 능력과 발달 속도에 맞춰 나아가되, 아이의 흥미를 유발하는 현명함이 필요하다.

엄마 혼자서 폭주한다고 아이가 따라갈 수 있는 것은 아니다. 엄마의 열정만으로는 초등학교조차 버티기 힘들다는 것을 우리는 경험을 통해 잘 알고 있다. 엄마의 다그침으로 끌고 가는 데도 한계가 있다. 결국 아이가 스스로 공부하도록 이끌어주어야 한다.

● 공부하는 습관 만들기

아이의 공부에 하나하나 간섭하거나 잔소리하는 데는 한계가 있다. 다만 공부는 절대적인 시간투자와 반복학습이 중요하니, 공부 습관을 만들 때까지 부모가 도와주는 것이 좋다. 공부는 시험기간이나 숙제가 있을 때만이 아니라 매일매일 하는 것이고, 이 시간만큼은 꼭 지키는 걸 아이가 충분히 인식하도록 만들어야 한다. 특별한 일이 아니라면 매일 일정한 시간에 공부하는 것이 당연한 분위기를 만든다.

계획표도 구체적인 방법으로 세운다. 공부의 양과 시간, 장소, 과목은 스스로 결정하되, 부모가 무리 없도록 조정해준다. 결국 결정은 아이 스스로 하며, 부모는 그것을 가능하도록 도와주는 사람임을 부모와 아이 모두 명심해야 한다. 아이가 잘 볼 수 있는 곳에 계획표를 붙이고, 공부를 세부적으로 나누어 다 했을 경우 스티커나 마커로 성취한 것을 즉각 표시해준다. 작은 단위로 쪼개야 쉽게 시작하고 중간에 포기하지 않는다. 또한 같은 양이라도 여러 개를 한 것처럼 보일 때 더 큰 성과를 느끼고, 또 시도하게 된다.

● 흥미를 유발하기

아이가 틱과 함께 주의력 문제가 있다면, 재밌고 흥미로운 학습 자료를 사용하는 것이 좋은 방법이다. 놀이와 결합하여 공부하거나 동영상이나 시청각 자료를 이용하면 오랜 시간 동안 집중력이 떨어지지 않을 수 있다. 특이하고 구체적으로 사용할 수 있는 학습 자료는 쉽게 지루해하는 아이들에게 좋은 자극이 된다.

● **노력 인정해주기**

주의력 결핍이나 학습장애가 있다면 수학이나 영어, 체육 등 특정 과목들에서 다른 아이들에 비해 힘들어할 수 있다. 노력했지만 성적이 좋지 않다면, 그대로 받아들이되 못한다고 포기할 필요는 없다. 다만 최선을 다하지 않았거나, 미리 포기해버릴 때는 질책할 필요가 있다. 몇몇 과목에서 성적이 좋지 않다고 아이의 인생에 엄청난 영향을 주지 않는다. 다만 끝까지 포기하지 않고 노력하는 자세는 매우 중요하다. 아이의 성적과 상관없이 노력을 보고 그것을 인정해준다.

아이의 공부에서 부모는 매우 중요하지만, 결국 도와주는 역할에 머물 수밖에 없다. 공부뿐만 아니라 친구관계나 학교생활 역시 아이가 독립적으로 하도록 도와야 한다. 부모가 원하는 것을 시키기보다는 아이와 상의하고, 혼란스러워할 때는 앞길을 안내해주되 아이의 선택을 존중해준다. 결국 선택은 아이가 하는 것이다.

간혹 아이가 자신과 맞지 않는 선택을 해서 힘들어할 수도 있다. 힘들어하는 아이를 보는 것은 괴롭지만, 때로는 좌절도 필요하다. 하지만 좌절을 겪을 때 다시 일어설 용기를 잃지 않도록 하는 것 역시 부모의 역할이다.

Chapter 04

틱은
엄마 혼자가 아니라
가족 모두가
함께 보듬어야 한다

우리 가족,
틱이라서
불행한 걸까?

이게 다 제 탓인가요?

오늘도 식탁 위에는 차가운 공기가 흐르고 있다. 잔뜩 찌푸린 표정으로 아침을 먹고 일어난 남편은 낮은 목소리로 "다녀올게."라고 말하고는 집을 나섰다. 과연 무엇이, 어디서부터 문제였을까? 정윤 씨는 아직도 자신이 모든 상황을 이해하지 못하고 있다는 느낌이 든다.

그동안 정윤 씨의 결혼생활에는 아무런 문제가 없었다. 지인의 소개로 만난 남편은 한눈에 봐도 훤칠한 미남이었고, 많은 친구들의 부러움 속에 결혼식을 올렸다. 얼마 지나지 않아 아이가 생겼고, 남편을 닮은 귀여운 딸이 태어났다. 이렇게 자상한 아빠가 세상에 있을까? 남편은 '딸바보'라는 말에 딱 들어맞는 사람이었다. 아침에 일어나자마자 딸에게 달려갔고, 퇴근 후에도 딸과 놀아주느라 시간 가는 줄 몰랐다. 내가 낳은 딸이지만, 남편을 빼앗긴 것 같아 질투날 정도였다.

딸의 5번째 생일이 얼마 남지 않은 날, 지금 사는 이 집으로 이사한 지 얼마 되지 않은 무렵이었다. 딸은 저녁이면 조금씩 목을 앞뒤로 힘주어 젖혔다. 뒷목이 아픈가 싶어 주물러 주기도 하고, 따뜻한 수건으로 마사지도 해주었지만 크게 나아지지는 않았다. 어린이집을 옮기는 바람에 아이가 힘들어하는 것 같아 한 달 동안 쉬고 함께 지냈더니 조금 덜 보이는 것 같았다. 이제는 괜찮겠지 싶어서 다시 어린이집을 보내자 딸은 또 목을 앞뒤로 젖히기 시작했다. 목을 앞뒤로 더 과격하게 흔들어 댔고, 어깨와 양 팔에 힘이 잔뜩 들어가는 것이 마치 기지개 켜는 것 같았다. 눈을 찡긋거리는 것도 생겨 필요 이상으로 힘주어 눈을 감았고, 한 번에 여러 번 깜박이기도 했다.

딸애가 도대체 왜 그럴까? 정윤 씨와 남편은 인터넷에서 며칠 알아본 끝에 아이가 틱 장애임을 알게 되었다. 그래도 무슨 병인지 알자 마음이 가벼워지는 것 같았다. 감당하지 못할 큰 병은 아닌 것 같은 안도감과 치료하면 나을 수 있다는 희망이 있었다. 그런데 언젠가부터 함께 이겨나가자고 말하던 남편이 달라졌다. 집에 있는 시간이 짧아지고, 정윤 씨도 딸도 본체만체하는 것이다. 남편도 많이 속상하겠지. 이해하려 노력했지만, 차가워진 남편의 모습은 마치 다른 사람인 것 같았다. 어느 날 술에 취해 집에 들어온 남편은 뜻밖의 말을 꺼냈다.

"이게 다 너희 집안에서 나온 거라고. 우리 집에는 이런 병을 가진 사람이 한 명도 없어. 형님네도 그렇고, 너희 집쪽에 문제가 있는 것 아니냐고. 우리 애가 잘못되면 당신이 책임질 거야?"

그때는 너무 경황이 없어서 아무 말도 못했지만, 생각할수록 화가 나고 어이가 없었다. 조카 문제는 정윤 씨와 친정식구에게 꺼내기 싫은 치부이기 때문이다. 오빠네 첫째 아이는 지적 장애가 있어 현재 특수학교에 다니고 있다. 조카가 아픈 것도 속상한데, 남편이 약점을 찌르니 더욱 속상해졌다.

'정말로 이게 모두 나 때문에 생긴 일일까?'

정윤 씨 주변의 사람들이, 그리고 의사선생님도 정윤 씨 때문이 아니라고 말하지만 한번 든 생각은 좀처럼 사라지지 않았다. 아이뿐만 아니라 친정식구와 시댁식구들 모두에게 잘못하는 것만 같고, 결혼 전으로 돌아가고 싶은 생각이 자주 들었다.

'아이를 위해서라도 힘을 내야지.'

하루에도 몇 번씩 다짐하지만, 하염없이 자꾸 눈물이 난다. 무기력과 자책감이 반복되는 것이 요즘 정윤 씨의 일상이다.

원치 않았던 아이, 더욱 원치 않았던 틱

7살 은수는 그렇게 눈에 확 띄는 아이는 아니다. 병원은 왠지 무서워 엄마 뒤에 숨어 있지만, 신기한 기구들에 호기심을 보이는 전형적인 사내아이이다. 그에 비해 은수 엄마는 병원에 오는 엄마들과는 한눈에 보아도 달랐다. 대학생이라 할 만큼 앳된 얼굴에 대비되는 어두운 표정은 그녀를 주목하게 만들었다. 무슨 사연이라도 있는 걸까? 왠지 모를 쓸쓸한 표정은 그녀에 대한 궁금증을 불러 일으켰다.

사실 은수는 그녀의 계획에 있던 아이가 아니었다. 수도권의 한 대학에 잘 다니던 그녀는 은수가 생기면서 인생이 180도 달라졌다. 학업은 뒤로 미루고, 결혼하고 아이를 키워야 했다. 부모님은 당연히 노발대발했지만, 딸의 배가 불러오자 결혼을 승낙할 수밖에 없었다.

결혼 승낙 받기도 순탄치 않았지만, 결혼생활은 더 험난했다. 변변한 직업이 없던 아이 아빠는 한 가정의 가장이 될 준비가 전혀 안 되어 있었다. 당장 할 수 있는 일부터 시작했지만, 몇 달을 버티지 못하고 그만두기 일쑤였다. 기저귀, 분유 값, 병원비까지, 은수에게 들어가는 돈은 어마어마했다. 저축은 생각도 못하고 하루하루 버틸 뿐이었다. 은수 엄마 역시 엄마되기란 쉽지 않았다. 다른 것보다 자기가 낳은 자식인데, 이상하리만큼 정이 가지 않았다. 특별히 아이가 미운 짓을 하는 것도 아닌데, 괜히 짜증이 나고 보기 싫었다.

"몇 달 전 어느 날 은수가 얼굴을 찡그리고 혀를 쑥 내밀더라고요.

그때는 뭔지도 몰랐는데 그냥 올 게 왔구나, 그런 느낌이 들었어요. 그런 거 있잖아요. 옛날부터 알고 있었던 것 같은 그런 거. 신기하죠?"

계속되는 불행에 그녀는 아이 증상에도 그렇게 슬프지 않았다고 한다. 다만 은수에 대한 애정은 더욱 사라져버린 것 같았다. 틱 증상이 나타나는 아이 얼굴을 보면 화가 나서 참을 수 없고, 어디로든 도망가고 싶었다. 안 그래도 커갈수록 아빠를 닮아서 짜증나는데, 틱이 나타나면 아빠의 나쁜 점만 쏙 빼닮은 것 같은 생각이 드는 것이다. 남편에 대한 미움이 커지는 만큼 아이에 대한 미움도 커져갔다.

"은수 미워, 은수가 사라졌으면 좋겠어. 이런 생각을 매일해요. 가끔 아이한테도 말하고요. 저 정말 나쁘죠? 근데 안 그러면 제가 견딜 수 없어요. 제가 이렇게 아이를 미워해서 틱이 온 걸까 생각할 때가 있어요. 엄마도 그렇게 말하더라고요. 그래, 그래도 내 아들인데 잘해줘야지 싶다가도, 아이 얼굴을 보면 또 미워지는 거예요. 얼굴 안 보고 살 수도 없고. 고슴도치도 제 자식은 예쁘다는데, 저는 왜 그럴까요?"

정해진 상담시간이 훌쩍 지났음에도, 그녀는 아직 할 말이 많아 보였다. 감정이 격해지고 터져 나오는 눈물에 채 다 말하지 못했지만, 그녀도 이미 알고 있었다. 미움만으로는 이 증상을 없앨 수 없다는 것을. 아이에게 불행을 물려주지 않으려면 자신이 먼저 변해야 함을.

아직 20대임에도 그녀는 내년에 학부모가 된다. '과연 내가 잘 해나갈 수 있을까?' 그녀는 자신이 없다. 과연 그녀는 다시 아이와 행복하게 살 수 있을까?

동생이 미운 형, 형이 무서운 동생

"엄마, 형이 또 때리려고 해."

현준이는 오늘도 내 품에 매달려 앙탈을 부렸다.

"내가 책 읽고 있는데, 형이 와서 책을 뺐어가더니 막 때리려고 해."

현준이는 억울한지 금방이라도 울 것 같은 표정이었다.

"알았어. 엄마가 무슨 일인가 알아보고."

나는 현준이 두 손을 내 허리에서 떼고 현우 방으로 향했다. 경험을 통해 현준이 말을 무조건 믿어서는 안 된다는 것을 알기 때문이다.

"이현우, 현준이랑 무슨 일 있었어?"

나도 모르게 나온 차가운 말투에 마지막 목소리가 파르르 떨렸다.

"공부하는 데 짜증나게 하잖아. 시끄럽게. 공부할 때는 내 방 들어오지 말라고 해."

"그래도 동생을 때리면 안 된다고,"

"알았다고. 안 때렸다고."

현우는 내 말을 다 듣지도 않고 잘라버렸다. 나를 바라보지 않고 책만 쳐다보는 녀석. 대화는 여기까지였다.

'병신.'

방문을 닫기 직전, 나는 작지만 분명하게 현우가 말하는 소리를 들었다. 매번 지긋지긋하게 반복되는 레퍼토리. 틱은 두 아이를, 그리고 나와 현우를 믿을 수 없을 만큼 멀어지게 만들었다.

현준이는 모든 면에서 형보다 부족했다. 공부도, 운동신경도 보통 아이들보다 못했다. 자기가 알아서 잘하는 현우에 비해 현준이는 엄마 손길이 많이 필요했다. 소홀히 하면 꼭 티가 나고 사고가 났다.

현준이에게 틱이 나타난 것은 딱 1년 전이다. 나는 곧바로 아이의 치료에 전념했다. 여기저기 잘한다는 병원에도 다녀보고 좋다는 것도 먹였지만, 증상은 쉽게 사라지지 않았다. 여유를 가지고 보자고 말하지만, 아이에 대한 집착은 더욱 커져갔다. 하루는 현우가 현준이에게 발길질을 하고 욕을 해댔다.

"병신."

그날도 현우는 그렇게 말했다. 표면적인 이유는 자기 물건을 동생이 가져간 것이었다. 하지만 지금 생각해보면 오랫동안 참은 울분이 나온 모양이다. 평소 얌전한 현우라 현준이와 나는 큰 충격을 받았고, 나도 모르게 손찌검을 하고 말았다. 현우는 분해하며 나에게 말했다.

"엄마는 내가 요즘 뭐하는지 알아? 내가 외고입시 준비하는 거에는 관심도 없지?"

아이의 말이 나의 심장을 덜컥 꿰뚫는 것 같았다. 아니라고 바로 둘러댔지만, 사실이 아님은 나도 알고 있다. 현우는 동생이, 그리고 동생의 틱이 엄마의 모든 관심과 사랑을 빼앗아갔다고 생각한다. 그래서 현우는 동생이 밉고, 동생은 그런 형이 무섭다.

가족의 반응이 아이에게 상처가 된다

"왜? 내가 이상해?"

준우는 눈을 동그랗게 뜨고 나에게 물었다. 그도 그럴 것이 나도 모르는 사이에 팔짱을 끼고 심각한 표정으로 준우 얼굴을 뚫어지라 쳐다봤기 때문이다. 사실 나는 항상 준우를 관찰하고 있다. 아이가 눈치채지 못하고 있을 뿐. 조금 전만 해도 몇 초마다 아이의 틱이 나타나는지, 1분에 몇 번 정도 보이는지 세고 있었다.

"아니야. 엄마가 그냥 딴생각하고 있었어. 왜 신경 쓰이니?"

"아니, 괜찮아. 그냥."

준우는 미심쩍다는 얼굴로 보다 다시 TV를 보기 시작했다.

'저렇게 얼굴을 쉴 새 없이 움직이면서 어떻게 이상하지 않다고 생각할 수 있지?'

아이가 일부러 아무렇지 않은 척하는 건지, 아니면 진짜 모르는 건지 나는 궁금하다. 내가 일부러 준우처럼 하려면 벌써 얼굴에서 쥐가 날 것만 같다. 정말로 준우는 불편하지 않은 걸까?

아이는 정말 모른다

어른들이 틱 장애 아이들에게 가장 놀라는 점은 자신의 증상을 잘 모른다는 것이다. 특히 나이가 어리거나 근육틱만 약하게 있으면 전혀 이상을 느끼지 못하는 경우가 많다. 만약 부모나 친구가 아이에게 이러저러한 증상이 있다고 말해주면 "내가 정말 그래?" 하고는 어리둥절해한다. 심지어는 매일 보는 친구들마저 아이에게 틱이 있다는 걸 잘 모르고 지나친다. 아이가 친구들에게 자기 증상을 말하거나 특별히 감추려 하지 않는다면, 친구들은 의식하지 못하고 평소처럼 생활할 때가 많다. 대개 초등학교 저학년 때까지는 그렇다.

물론 개개인마다 차이가 있어, 아주 어려도 몸의 이상을 느끼고 주위를 의식하는 아이도 있다. '아아', '악악'거리는 것 이상의 음성틱이 있거나 근육틱이 심해서 얼굴이나 목이 아닌 부위에 틱이 있다면 눈에도 잘 보이므로 쉽게 알아챈다. 초등학교 고학년쯤 되면 스스로 느끼고 주위 사람들의 반응 때문에라도 틱 증상을 알게 된다.

어쨌든 많은 아이들이 자신에게 틱이 있는지 정말 모르고, 불편해하지도 않는다. 틱 장애가 나타난 지 얼마 되지 않았다면 아이들은 자신에게 무언가 생겼음을 인식하지 못할 때가 많다. 이런 아이에게 일부러 틱 증상에 대해 알려줄 필요는 없다. 증상이 보일 때마다 지적하거나 말해주면 아이에게 놀라움과 큰 스트레스가 된다.

설령 자신의 틱을 알고 있어도 일부러 의식하도록 만들 필요는 없다. 큰 변화가 생기면 어차피 아이도 알게 된다. 부모가 시도 때도 없이 틱에 대해 지적하면 집에서조차 틱을 자연스럽게 발산하지 못한다. 굳이 언급하여 아이를 의기소침하게 만들지 말고 일상생활에서 도울 수 있는 방법을 알려주는 것이 좋다.

눈빛 하나마저 아이는 민감해한다

"여보, 은찬이 좀 그렇게 보지 말라니까요?"

은찬이 엄마는 아이 방문을 닫고 나와 남편을 쏘아보며 말했다. 남편 얼굴에는 아직 아이를 바라보던 그 표정이 남아 있다.

"내가 또 뭘 어떻게 했는데?"

남편은 억울한지 어깨를 으쓱이며 대답했다. 남편의 아까 그 표정에는 '이걸 어떡하지' 하는 걱정이 가득 담겨 있었다.

"애가 당신 눈치 보는 거 모르겠어요? 그냥 모른 척 넘어가라고요."

그때 조용히 방문 열리는 소리가 들린다.

"엄마……. 아빠랑 싸우는 거야?"

앞서 말했듯이 틱 장애 아이 중에는 예민한 아이가 많다. 그래서 사소한 것에 신경을 쓰고, 작은 것에도 상처받는다. 많은 아이들이 부모의 작은 반응에도 눈치를 보는데, 자기 때문에 부모가 걱정하거나 싸운다면 더 상처를 받게 된다. 부모는 틱에 대해, 그리고 틱에 대한 반응에 대해 아이가 신경 쓰지 않도록 해줘야 한다. 아이가 틱이 자기 잘못이라고 느끼게 해서도 안 된다.

많은 부모들이 아이에게 하는 말은 신경 쓰면서도 목소리나 표정, 자세, 눈빛 등에는 잘 신경을 쓰지 않는다. 심리학자 앨버트 메러비언에 의하면 대화에서 내용이 차지하는 비율은 고작 7%다. 그 밖에 표정이나 몸짓 같은 시각적인 요소가 55%를 차지하고, 목소리나 톤, 말투 등 청각적인 요소가 38%를 차지한다. 아이의 틱에 대해 지적하거나 혼내지 않더라도 한숨을 쉬거나 불쌍하게 여기는 것, 화난 표정이나 눈빛에도 아이는 충분히 상처를 받을 수 있다.

표정만으로도 아이들이 상처를 받는데 말은 오죽하겠는가? "오늘은 어떠니?", "지난주보다 더 심해진 거 같아." 같이 증상에 일일이 반응하거나 "학교에서는 안 했니?", "친구들은 아직 모르지?", "딴 사람들 앞에서는 보이지 않도록 신경 써야 해." 같이 틱은 안 좋은 것이라 감춰야 한다는 투는 아이에게 심리적 압박이 될 수 있다.

또한 성인에 비해 감정이 예민한 아이들은 나쁜 말에 더 큰 영향을 받는다. 언어폭력을 지속적으로 당하면 좌뇌와 우뇌를 연결하는 뇌량과 감정, 기억을 담당하는 해마가 위축된다는 연구 결과가 있다. 이는 우울증이나 지능저하, 정신장애의 발생 가능성을 높인다.

혹시 당신은 다음과 같은 언어습관으로 틱을 가진 아이에게 상처를 주고 있지는 않은가?

"넌 도대체 누굴 닮아서 이러니?"

– 자기 존재를 부정적으로 인식한다.

"그러면 안 돼. 제발 좀 하지 마."

– 제약을 하며 자립심을 떨어뜨리고 의존적으로 만든다.

"○○는 잘하던데 넌 왜 그 모양이니?"

– 비교하여 아이에게 좌절감과 패배의식을 안겨준다.

"지금 바쁘니깐 나중에 말해."

– 아이에게 무관심해 아이가 사랑받지 못한다고 생각한다.

"너 때문에 내가 못 살아. 아주 지긋지긋해."

– 아이가 스스로 부모를 괴롭히는 나쁜 존재라고 여기게 된다.

차가운 시선 VS 지나친 관심

아이들은 틱 자체보다 틱에 대한 주변 사람들의 반응에 깊은 상처를 받는다. 자신을 흉보거나 손가락질하는 것, 피하거나 지나친 눈길을 주는 것 모두 당사자를 힘들게 한다. 그래서 사람을 만나는 것을 피하거나 공공장소에 가는 것을 싫어하기도 한다.

3년 전부터 틱을 앓고 있는 정훈이는 집 밖에 나서는 것을 싫어한다. 사람들이 자기를 쳐다보는 것도 싫고 혹시 지나가는 사람들이 자기한테 말을 걸까 봐 조마조마해서다. 틱이 생긴 다음부터 주변 사람들은 정훈이의 증상에 많은 관심을 가졌다. 빤히 쳐다보는 것은 예삿일이고, 아이가 옆에 있는데 어디 아프냐고 물을 때도 있다. 나이 많은 어르신들은 옆에 앉아 꼬치꼬치 캐물어서 정훈이를 곤란하게 했다.

이런 이유로 집과 학교, 학원 이외의 곳에 가는 일은 드물다. 대신 정훈이의 하루 일과는 매우 꼼꼼하게 채워져 있다. 일어나는 시간부터 밥 먹는 시간까지, 학교 도착부터 학원에서 오기까지 단 1분도 틀리지 않는다. 자신이 생각하는 시간까지 준비되지 않거나 일정이 틀어지면 정훈이는 불같이 화내고, 이를 바로잡으려 엄청나게 노력한다.

하루는 정훈이가 수제 햄버거를 먹고 싶다고 했다. 매일 똑같은 반찬만 고집하던 정훈이가 다른 걸 먹고 싶다고 하니 엄마는 매우 반가웠다. 하지만 반가운 마음도 잠시, 전에도 정훈이와 백화점에 갔다가 뭐가 맘에 안 드는지 소리를 질러 얼른 집으로 온 일이 생각났다.

'과연 이번에는 별 탈 없이 햄버거를 먹고 올 수 있을까?'

엄마는 겁이 났지만, 아이를 집에만 둘 수 없다는 생각에 용기 냈다.

약속한 날이 되어 학원에서 끝나자마자 엄마는 아이를 데리고 햄버거 집으로 향했다. 대중교통은 정훈이가 아주 질색하기 때문에 운전해서 갔다. 새로운 것에 대한 기대에 부풀었던 아이는 차에서 내려 사람들이 많아지자 긴장하기 시작했다. 일부러 구석에 앉았지만 정훈이는 불편한 기색이 역력했다. 표정이 굳고 어깨가 움츠러들었으며, 발작하듯 틱 증상이 나타났다. 얼굴과 몸 전체에서 마치 장난을 치는 것처럼 오므리고 찡그리고 꿈틀대는 움직임이 나타났다. 무슨 일이 터질 것만 같다는 엄마의 우려는 곧 현실이 되었다. 지나가던 아가씨가 정훈이 얼굴을 보더니 흠칫 놀라서 뒷걸음질 친 것이다.

"어머, 쟤 장애인인가 봐."

조용히 속삭인 그녀의 목소리는 엄마의 귀에도 들렸다. 정훈이도 엄마도 더 이상 그곳에 있고 싶지 않았다. 그날부터 정훈이는 낯선 장소에 대한 공포가 더욱 심해졌다.

정훈이처럼, 낯선 사람들을 겁낸다고 해서 아무도 만나지 않거나 집에만 있을 수는 없다. 친척이나 지인들, 자주 보는 어른들에게는 틱 장애를 솔직히 알리고 정확한 정보를 주는 것이 좋다. 그래야 불필요한 오해를 막고, 아이가 불편하지 않도록 신경 써줄 것이다. 장애를 감추거나 은근슬쩍 넘어가면 오히려 이상한 병으로 생각할 수 있다.

하지만 만나는 사람들마다 설명하는 것은 현실적으로 불가능하고 의미도 없다. 만약 사람들이 상처 주는 말과 행동을 한다면 무시하는 것이 상책이다. 다시 보지 않을 사람에게 일일이 대응하는 것은 에너지 소모다. 부모가 내색하지 않고 지나가면, 아이도 그냥 넘긴다. 그래도 아이가 사람들의 시선이나 말에 힘들어한다면, 사람들이 잘 몰라서 그러니 너무 신경 쓰지 말라고 수시로 이야기해주어야 한다.

아이가 공공장소에서 욕하거나 혹은 여기저기 돌아다니면서 상대방의 기분을 상하게 한다면 부모가 대신 정중하게 사과한다.

"불쾌하게 해서 죄송합니다. 하지만 아이가 일부러 그러는 것이 아니라 틱 장애가 있어서 그런 거랍니다." 정도로 정중하고 진정성을 보이되 간단히 말한다. 상대방의 기분을 상하게 한 상황에 대한 사과이니 다른 의미를 부여할 필요는 없다. 이때 아이에게 소리를 치거나 나무라는 것은 상황 모면에는 도움 될지 몰라도, 아이의 행동을 줄이지도 못하고 자존감만 떨어뜨린다.

혹시 아이의 행동에 관심을 가지는 사람이 있다면 조금 더 자세히 이야기할 수 있다. 단 불필요한 관심이거나 흥미 위주로 흐른다면 단호하게 물리치는 것이 좋다. 사람들이 가급적 아이와 직접 이야기하지 않게 부모가 나서야 한다. 상대적으로 약자인 아이에게 함부로 상처를 주는 말을 하는 사람이 너무도 많다. 선량함을 가장해 아이에게 상처를 주지 않도록 부모가 방패막이 되어야 한다. 낯선 사람들의 상처 주는 말을 아이가 가장 힘들어한다는 점을 잊어서는 안 된다.

아이의 분노와 좌절, 가족이 다가가야 한다

분노와 좌절은 어려움을 맞닥뜨린 아이들이 일차적으로 보이는 반응이다. 틱을 가진 아이들도 분노하거나 좌절하는 모습이 흔하게 보인다. 아이들의 이러한 모습은 가끔 틱 자체보다 심각하게 느껴져서, 곁에서 지켜보는 가족들을 힘들게 한다. 안 그래도 도와주지 못해 미안하고 좌절감을 느끼는데, 틱으로 인해 아이 성격마저 나빠진다는 생각이 들기 때문이다.

그러나 분노와 좌절이 무조건 나쁜 것이 아니다. 이러한 분노와 좌절을 어떻게 극복하느냐에 따라 전보다 훨씬 성장하기도 한다. 틱을 가진 아이들의 분노와 좌절은 자신의 병을 받아들이지 못하는 데서 시작된다. '왜 나만 이런 이상한 병이 생긴 거지?'란 생각은 분노를 일으키고 '쉽게 사라지지 않을 거야.' '사람들이 나를 이상하게 생각할 거야.'란 생각은 깊은 좌절을 준다. 분노와 좌절을 이겨내려면 먼저 자기 병을 정확히 이해하는 것이 필요하다. 지나친 걱정과 불안을 없애는 것부터 도움을 시작한다.

아이에게 병에 대해 말해줄 때

우리 아이는 자기가 틱이라는 걸 알고 있을까? 혹시 증상을 느낀다면 그것이 틱 장애임을 알까? 만약 틱 장애임을 알았을 때 아이는 어떤 반응을 보일까?

이러한 의문은 틱 자녀를 둔 부모라면 한 번쯤 생각해봤을 것이다. 아직 아이가 어리거나 증상이 약해서 자기 증상을 잘 모른다면 일부러 알릴 필요는 없지만, 자기 증상을 알게 되었을 때를 대비해서 부모가 어떻게 대처할지는 미리 생각해두는 것이 좋다.

아이가 자기한테 무슨 문제가 있는 것 같다고 말한다면, 부모는 그것이 무엇이고 어떤 영향이 있는지 이야기해주어야 한다. 무작정 "엄마는 모르겠는데?"라고 숨기거나 "별거 아니야. 괜찮아."라고 얼버무린다면 아이는 엉뚱하게 큰 병이라고 여길지도 모른다. 가능하면 아이가 물어볼 수 있는 질문들에 대해 답변을 준비하고, 꼭 필요한 것부터 하나씩 꺼내놓아 아이의 이해를 돕는다.

아이가 자신의 증상을 알았을 때 보통 두 가지 의문이 생긴다. 첫째, 틱 증상은 왜 나타나는가? 둘째, 왜 다른 친구들한테는 없는데 자기한테만 생겼는가? 이에 대해 어른들도 잘 모를뿐더러, 아이가 이해하도록 설명하기는 더욱 어렵다. 아이의 나이와 이해력에 따라, 그리고 관심 정도에 따라 설명은 달라진다.

첫 번째 질문에 대해 나는 아이에게 있는 그대로 설명하는 편이다.

"우리 머릿속에는 뇌라는 곳이 있어. 이 뇌라는 곳은 뛰어놀 수 있도록 만들고, 생각도 하고 말도 할 수 있게 만드는 아주 중요한 곳이란다. 나이가 들면 키가 크는 것처럼, ○○의 머릿속에 있는 뇌도 커진단다. 뇌가 자라나는 과정에서 지금 ○○가 보이는 것 같은 그런 증상들이 보일 수도 있어. ○○의 뇌가 잘 자란다면 이런 것들이 다 사라지게 될 거야."

그래도 설명이 미흡하거나 아이가 잘 이해하지 못한다면 앞서 말한 또래 교육 프로그램에서 선보인 '딸꾹질'을 예로 들어 설명한다.

"○○가 지금 하는 것은 딸꾹질 같은 거란다. 왜 딸꾹질은 ○○가 하고 싶어서 하는 게 아니잖아. 멈추고 싶다고 멈출 수 있는 것도 아니고. 그거랑 비슷한 거야. 근데 이 틱은 딸꾹질보다는 좀 오래가네. 그치? 그래도 시간이 지나면 어느 순간 사라져 버릴 거야."

하지만 두 번째 질문은 좀 어렵다. '옆 친구는 춤을 잘 추는데, 나는 왜 못 추는가?'와 비슷한 문제이기 때문이다. 이런 질문에는 틱과 관련된 간단한 이야기를 하는 편이다.

"모든 사람의 몸 안에 사는 도파민이라는 친구가 있는데, 이 친구가 좀 개구쟁이란다. 이 친구가 돌아다니고 장난을 치면, ○○ 몸에서 보이는 것과 같은 일들이 나타나기도 해요. ○○는 이 도파민이란 친구가 장난치기를 좋아하는가 보구나. 이 도파민은 ○○한테만 있는 친구는 아니니까 걱정하지 않아도 돼요. 이 친구가 나이가 들어서 얌전해지면 지금 보이는 증상은 사라지게 될 거야." (이는 《내 아이에게 틱과 강박증이 있대요》(앙엘라 숄츠, 아리베르트 로텐베르거 지음, 부키)의 '도파와 세로토니나 이야기'를 참고한 것이다.)

아이에게 설명해줄 때 가장 중요한 점은 긍정적인 마음을 잃지 않는 것이다. 자신의 장애를 안다면 아이도 이것이 더 커지지 않을까, 평생 지속되는 걸까 두려워진다. 부모가 걱정하고 괴로워하면, 아이의 두려움은 더욱 커진다. 부모가 긍정적인 태도로 다가서고 치료받으면 나을 수 있다고 전한다면, 아이는 틱 증상을 있는 그대로 받아들일 수 있다. 또한 틱 장애와 관계없이 자신은 매우 소중하고 특별한 존재임을 계속 이야기해주어 아이가 그렇게 믿도록 만들어야 한다.

만약 부모 중 한 명이라도 어릴 적 틱이나 강박증, ADHD 등의 장애를 겪었다면 자기 경험을 들려줘도 좋다. 어릴 때 있던 틱 증상이 사라졌거나 줄어들어 실생활에 별 문제되지 않음을 알려준다면, 아이는 자신도 그렇게 될 수 있다고 믿게 된다. 부모가 틱 장애를 이겨내는 이야기를 들려주면 아이에게 큰 용기를 준다. 또한 아이가 현재 겪는 어려움에 대해 부모가 이겨낸 방법을 예로 든다면, 실제적인 도움이 될 수 있다.

화난 아이를 달래기

틱을 가진 일부 아이들은 공격적인 모습을 자주 보이고, 화를 참는 것을 힘들어한다. 때로는 참을성이 부족하고 억제력이 떨어진다. 그래서 좌절하거나 우울한 마음을 화로 표현한다.

아이의 이러한 점을 알고 있어도 아이가 별것도 아닌 일로 심하게 화를 낼 때면 부모 역시 감정을 억제하기가 쉽지 않다. 처음에는 부드럽게 타이르다가도 결국 큰 소리로 혼내고 벌을 주거나 서로 감정이 상해버린 채 끝나기 십상이다.

화난 아이를 다룰 때에는 처음부터 끝까지 차분하게 대처해야 한다. 아이는 참을 수 없는 충동으로 화가 난 것이지, 엄마를 괴롭히려고 그런 것이 아니다. 천식이나 알레르기 비염처럼 아이의 뇌가 충동적인 것을 이겨내지 못하는 것뿐이다. 그러니 아이와 함께 흥분하지 않는다. 아이의 감정을 자극하는 것은 금물이다. 아이의 잘못을 지적하거나 화내든 말든 상관없다는 식으로 무시하는 것, 조용히 하라고

협박하는 것, 너 때문에 살 수가 없다는 둥 비난하는 것, "네가 그렇지, 뭐." 같이 빈정대는 말투나 행동은 모두 피해야 한다. 또한 어떠한 상황에서도 인격을 무시하는 말은 안 된다. 아이를 때리거나 물건을 집어 던지는 등 스스로 감정을 통제하지 못하는 모습도 안 된다.

그렇다면 화난 아이를 달래기 위해서는 어떻게 해야 할까?

가장 좋은 방법은 지금 아이가 느끼는 감정에 충분히 공감하고, 말로 표현하는 것이다. 어른들은 아이를 잘 설득하면 화가 풀릴 것이라 생각할 때가 많다. 그러나 아이가 생각을 바꿔 화가 풀리는 경우는 거의 없다. 분노에 사로잡혀 있을 때, 아이는 누구의 말도 들으려 하지 않기 때문이다. 화를 낼 때는 이성적인 판단을 할 수 없다. 네가 화를 낼 만한 일이 아니었다고 설득하거나, 아이가 오해했을 만한 상황에 대해 하나하나 설명하는 건 또 다른 비난으로 여길 뿐이다.

"화가 무척 많이 난 것 같구나."

"동생 때문에 기분이 많이 상했겠는걸!"

"그 일 때문에 많이 실망스럽겠구나."

이와 같이 아이의 감정을 그대로 표현하는 말들은 아이가 이해받고 있다고 느끼게 해준다. 또 부모가 자신의 감정을 존중하며 이해하고 있다고 믿게 한다. 그래서 아이의 기분이 풀어지고, 화도 가라앉는다.

때때로 분노와 과격한 행동 안에 다른 정서가 숨어 있을 때가 있다. 화내는 아이의 마음속에는 우울함, 두려움, 절망, 실망, 억울함, 부끄러움, 미안함 같은 다양한 감정들이 얽혀 있다. 따라서 아이의 행동만 보지 말고, 어떤 정서가 있는지 찾아봐야 한다. 먼저 아이의 감정을 읽고 숨겨진 감정을 말로 표현해주면, 자연스레 그 감정을 수용하고 화도 풀릴 것이다. 만약 혼자 힘으로 감당하기 어렵다면 전문가를 찾아가도 좋다.

몸을 이완하는 훈련은 화를 누그러뜨리는 좋은 방법이다. 아이들이 화를 낼 때는 얼굴이 붉어지고, 숨이 가빠지며 심장의 박동이 증가하고 근육은 긴장되는 등 교감신경 항진 증상이 나타난다. 교감신경 항진 증상이 사라지면 화 역시 가라앉는 것을 느낄 수 있다. 복식호흡, 몸에 힘주었다 빼기, 걷기 명상 등은 아이들도 쉽게 할 수 있는 이완법이다. 그 밖에 1부터 100까지 천천히 세기, 조용한 음악듣기도 좋은 이완 방법이다. 평소 이러한 이완법을 미리 연습한다면, 아이들이 화가 났을 때 빠르게 안정을 찾을 수 있다.

복식호흡	아랫배에 양손을 대고 배가 움직이는 느낌에 집중하며 천천히 호흡한다. 천천히 숨 쉬면서 내쉬고 들이마시는 숨을 고르게 한다. 특히 내쉬는 숨을 들이마시는 숨보다 2~3배 길게 하고, 내쉴 때 흐트러지지 않고 고르게 유지한다.
몸에 힘주었다 빼기	몸에 힘을 꽉 준 다음 천천히 힘을 빼면서 온몸의 근육이 느슨해지는 것을 느껴본다.
걷기 명상	10~20분 정도 천천히 걸으면서 발바닥이 땅에 닿는 느낌과 발동작에 의식을 집중한다.

좌절에 대처하는 법

우리가 살면서 모든 일이 마음먹은 대로 된다면 좌절할 일은 없을 것이다. 하지만 삶은 절대로 자기 맘대로 흘러가지 않는다. 살다 보면 자기 잘못이 아닌 일로 고통 받기도 하고, 원치 않는 병에 걸리기도 한다. 아주 어릴 때부터 발생하는 틱 같은 질환이 있다는 건 아이 혼자서 견디기 힘든 일이다. 그래서 가능하면 아이가 좌절하지 않도록 부모가 나서서 아이의 어려움을 해결해주려 한다. 하지만 부모가 모든 어려움을 해결해줄 수는 없다. 설령 다 해결할 수 있다 해도 아이는 더욱 약하고 의존적이 될 수밖에 없다. 그렇다고 좌절상황을 모른 척 두자니 아이의 학업성취에 좋지 않고, 성격이 어두워지고 열등감을 갖거나 비관적으로 변해버린다. 따라서 부모는 아이의 좌절상황을 도와주되, 아이가 스스로 좌절을 이겨낼 수 있도록 해야 한다.

반복되는 틱 증상은 사람을 지치고 나약하게 만든다. 자신과 주변의 노력에도 틱 증상이 사라지지 않는다면, 아이는 더욱 좌절한다. 이러한 아이들에게 부모의 도움은 꼭 필요하다. 어린 시절 틱으로 인한 좌절을 적절하게 이겨낸다면, 어른이 되어서도 삶을 헤쳐 나가는 데 큰 힘이 될 것이다.

화난 아이를 달랠 때처럼 좌절한 아이를 대할 때도 아이 감정에 공감해주는 것이 가장 중요하다. 사실 틱 상황에 대해서는 치료 이외에 부모가 어찌할 방법이 없다. 하지만 틱으로 인해 좌절하는 아이의 감정을 달래고 안정을 되찾는 데는 도움이 될 수 있다. 아이가 좌절해서 슬퍼하거나 분노한다면, 이러한 감정을 부정하지 말고 수용해주어야 한다. "많이 힘들었지?", "그래, 화가 나겠구나.", "많이 속상하겠다." 등으로 아이의 감정을 말로 표현해주는 것이 가장 좋은 공감 방법이다.

무조건 안심시키기보다는, 아이의 감정을 이해하고 공감한 후에 안심시키는 것이 효과적이다. 급하게 서두르다 보면 아이의 감정을 무시하는 경우가 많다. 아이의 감정에 공감하고 충분히 밖으로 표현하게 하며, 그 다음에 안심하도록 만들어도 늦지 않는다.

이를 위해서는 먼저 많은 대화가 필요하다. 특히 잘 들어주는 것이 중요하다. 상황을 모면하려 하거나 빨리 대화를 끝내려는 게 느껴지면, 아이는 내면의 말을 꺼내놓지 않는다. 부모가 자기 말을 적극적으로 듣고 있음을 느껴야 아이는 감정을 말하기 시작한다. 아이가 감정을 표현한다면 먼저 진심으로 들어주고, 그런 다음 "많이 힘들었지? 네가 힘들다는 거 엄마도 알아.", "많이 무서웠겠구나."와 같이 공감해준다.

또한 진심을 담은 스킨십은 아이의 마음을 안정시키는 데 큰 도움이 된다. 아이가 좌절하고 힘들어할 때 부드럽게 등을 쓰다듬거나 안아주고 뽀뽀하는 스킨십은 천 마디 말보다 낫다. 몸과 몸이 만나는 스킨십은 부모가 아이를 사랑하고 있음을 느끼게 하는 가장 좋은 방법이다. 충분한 스킨십은 아이에게 사랑받을 만한 존재라는 믿음을 길러준다. 아이와 대화할 때 안거나 쓰다듬어주는 걸 잊지 말자.

아이가 자신의 틱만 바라보거나 틱의 부정적인 면에 집중한다면, 자신의 긍정적인 면을 보게끔 이끌어야 한다. 하루 시간을 내서 아이의 장점과 잘하는 것을 15~20가지씩 찾아보는 시간을 갖는다. 거창하거나 추상적인 것은 부담스럽고 오히려 거부할 수 있으므로 '인사를 잘한다', '반찬투정 없이 골고루 먹는다', '피아노 연습을 열심히 한다'와 같이 작더라도 구체적인 것이 좋다.

부모는 옆에서 도와줄 수 있지만, 기본적으로 자기 스스로 찾는 것이 원칙이다. 15~20가지를 모두 찾았다면 부모는 아이가 기억하도록 반복해서 말해준다. 아이가 자신의 긍정적인 면을 인식하도록 계속해서 상기시키고, 일상생활에서 그런 부분을 칭찬해준다. 그렇다면 아이는 틱의 부정적인 면보다는 긍정적인 모습을 더 바라볼 것이다.

일상생활에는 이렇게 대처하자

아이에게 틱이 생기면 말 한마디, 행동거지에 일일이 신경이 쓰이기 마련이다. 혹시 내가 하는 말이 아이에게 상처이지 않았을까? 내가 지금 아이를 대하는 방법이 옳은 것일까? 지금 하는 태권도와 피아노를 계속해도 괜찮은가? 아이가 컴퓨터 게임에만 매달려 있는데, 그냥 놔둬도 되는 걸까? 겁이 나는 건 사실이다. 그래서 지금 내 행동이 올바른지 의심하고, 아이 대하기가 조심스러워진다.

사실 아이가 하는 대부분의 활동은 틱 증상에 큰 영향을 주지 않는다. 그리고 아이가 올바르게 성장하려면 다양한 방면의 활동과 경험이 필요하다. 따라서 꼭 하지 않아야 한다고 규정된 것은 없다. 하지만 아이가 흔히 하는 행동 중에는 틱 증상에 도움이 되는 것이 있고, 나쁜 것도 있다. 특히 아이를 흥분시키는 행동은 틱 증상을 심하게 만들 수 있다. 이러한 행동은 시간을 규제하거나 다른 행동으로 대체해 주어야 한다. 틱을 가진 아이들은 예민한 편이기 때문에 부모가 조금 더 신경을 써야 한다. 같은 행동이어도 조금 변화를 주면 아이가 편하게 받아들이고, 증상에도 긍정적이니 알아두자.

숙제시키기

숙제는 모든 아이들의 천적이라지만, 틱 장애나 투렛 장애 아이들은 특히 더 스트레스를 받는다. 틱과 주의력 장애가 함께 있다면, 숙제 자체를 잘 잊어버리고, 숙제를 하더라도 끝마칠 때까지 숙제에만 집중하기를 어려워한다. 그게 아니어도 틱 증상이 심하면 행동이 직접 영향을 미쳐 집중이 어려울 수 있다. 어깨나 목, 손의 운동틱으로 글씨 쓰기가 힘들고, 자기가 쓴 글씨가 맘에 들지 않으면 숙제를 거부하기도 한다. 엄마가 옆에서 지켜보면 틱이 더 심해지기도 하고, 글씨를 아무렇게나 쓰거나 짜증을 낼 때도 있다. 이러한 아이들에게는 다음과 같은 방법을 써보자.

- 숙제는 꼭 해야 함을 강조한다. 부모는 아이가 스스로 할 수 있을 때까지 알림장 등을 통해 어떤 숙제가 있는지 확인하고, 반드시 점검해야 한다.
- 숙제를 미루지 않도록 독려한다. 당장 하고 싶은 것이 있어도, 먼저 숙제하고 나서 하도록 유도한다. 혹은 숙제 시간을 정해놓는다.
- 틱 아이는 부모의 생각보다 좀 더 많은 숙제 시간을 줘야 한다. 부모가 보기에는 아주 간단한 숙제여도 아이는 많은 노력을 기울여야 할 수도 있다. 아이가 노력하고 있다면 너무 재촉하지 않는다.
- 숙제에 집중할 수 있도록 조명이나 주변 환경을 조성하고, 방과 책상을 깔끔하게 정리해놓는다. 숙제에 불필요한 도구는 치워야 주의가 흐트러지지 않는다.
- 아이에게 ADHD가 동반한다면, 숙제에 필요한 준비물이나 도움이 되는 것들을 함께 챙긴다.
- 숙제할 때 글씨 쓰는 것이 곤란하다면 컴퓨터나 태블릿 PC 등 다른 도구를 이용해본다. 어려움이 크지 않다면 평행선 긋기, 도형그리기, 글씨 쓰기 연습 등으로 따로 연습한다.
- 숙제를 끝마쳤다면 그 노력에 대해 아주 반갑게 칭찬해준다.

체육활동

상담 중 틱에 대해 '스스로 조절할 수 없는 근육의 수축'이 일어나는 것이라 설명하면, 혹시 운동하는 것이 틱에 나쁜 영향을 주는 건지 궁금해하는 부모들이 많다. 운동은 스트레스 해소를 도우며 틱을 발산할 좋은 기회이므로 어떤 운동이든 특별히 제한하지 않는다. 또한 운동은 틱과 관련된 기저핵뿐만 아니라 소뇌와 전두엽 같은 우리 뇌를 전반적으로 발달시키기 때문에 권장한다. 운동틱이 심해도 운동에 지장 있는 일은 거의 없으니 겁낼 필요가 없다. 오히려 운동은 아이에게 성취감을 주고, 틱 때문에 소원했던 친구들과 어울릴 기회가 될 수 있다.

단 경쟁이 심한 격투기 대련이나 시합은 아이를 흥분시켜 증상을 심하게 만들기도 한다. 따라서 이기는 것이 목표인 운동보다는 신체 단련을 하는 가벼운 운동을 권한다. 요가나 스트레칭처럼 성장에 이로우며 긴장을 풀고 마음도 편하게 하는 정적인 운동도 좋다.

잠자기

거의 대부분의 아이들이 잠들면 틱 증상은 사라진다. 그래서 틱이 심한 가정에서는 아이가 자는 시간이 꿀 같은 휴식시간이다. 하지만 아주 가끔씩 자는 동안에도 틱 증상이 나타나는 경우도 있다.

일반적으로 충분히 자지 않으면 틱 증상이 심해진다. 공부나 과도한 과외활동, TV나 게임 등으로 자는 시간이 충분하지 못하면 틱 증상이 좋아지기 어렵다. 아이의 성장과 정서적 안정, 그리고 공부를 위해서도 수면시간은 충분해야 한다.

어떤 아이들은 피곤한데도 몸이 심하게 움직여서 잠들기 어려워하는 경우도 있다. 부모와 아이 모두 아주 괴로운 상황이다. 만성적인 수면부족이 생기고, 아이는 심한 짜증을 내며 부모 역시 지쳐버린다. 이런 경우에는 빨리 전문가에게 치료 받는 것이 좋다.

낮에도 피로감이 쌓이면 틱 증상이 심해지기도 한다. 그때는 낮잠을 30분 이내로 자는 것이 좋다. 한숨 자고 나면 대부분 증상이 다시 줄어든다.

독서, 그림 그리기, 음악 듣기

분명 정서 안정은 틱 증상을 줄이는 데 도움이 된다. 왜냐하면 기저핵은 운동 조절만이 아니라 인지와 정서기능에도 관여하기 때문이다. 특히 긴장과 불안은 기저핵의 이상을 초래하고 틱 증상을 심하게 만든다.

독서나 그림 그리기, 음악 듣기 등은 아이의 몸을 이완시키고, 틱 증상을 잊게 만드는 효과적인 방법이다. 이는 증상을 줄여줄 뿐만 아니라 아이의 정서함양과, 불안이나 우울 같은 부정적인 감정 해소에도 도움이 된다.

가끔 아이가 책을 읽을 때나 식사할 때 유독 틱 증상이 심해진다고 말하는 부모들이 있다. 특히 초등학교 입학 전 아이들이 종종 그러기도 한다. 그렇다고 밥을 먹지 않거나 책을 읽지 말라고 할 수는 없기에 부모는 큰 딜레마에 빠져버린다. 이 증상은 결국 치료를 하면서 자연스럽게 사라지므로 크게 신경 쓰지 않아도 된다. 너무 어린아이가 집중하다 보니 생기는 것으로 보인다.

스마트폰, TV, 게임

요즘 아이들을 보면 초등학교에 들어가기 전부터 하루 종일 스마트폰을 끼고 산다. 부모가 나서서 돌도 지나지 않은 아이에게 동요 앱을 보여주거나, 애니메이션 동영상을 틀어주기도 한다. 스마트폰이 대중화되면서 IT 기기를 접하는 나이가 점점 어려지고, 아이들이 이를 활용하는 시간 역시 늘고 있다. 부모는 아이를 쉽게 돌볼 수 있고, 교육용 앱으로 흥미를 유발하면서 공부시킨다는 장점에 아이에게 스마트폰을 쥐어준다. 하지만 아이가 이용하는 앱을 완전히 규제하기란 사실상 불가능하며, 정서수준에 맞는 콘텐츠만을 선별해주기는 매우 어렵다. 그래서인지 많은 아이들이 IT 기기를 통해 게임중독으로 이어진다.

스마트폰이나 컴퓨터, TV 등의 강한 시청각 자극과 흥분은 틱에 영향을 주는 것으로 생각된다. 아직 정확한 연구가 이루어져 있지 않지만, 스마트폰이나 게임에 중독된 아이들의 치료가 확연히 더디다. 그래서 나는 틱 치료에서 스마트폰이나 컴퓨터, 태블릿 PC 등 전자매체를 제한하고 있다.

초등학생까지는 스마트폰을 쓰지 않는 것이 좋다. TV와 컴퓨터 게임 역시 오래 하는 건 좋지 않다. TV는 하루 30분 이하로 줄이고, 컴퓨터 게임은 하지 않는 쪽이 좋다. 아이가 게임을 워낙 좋아한다면 일주일이 한 번 시간을 정해놓는다. 매일 짧은 시간을 하는 것보다는 일주일에 한 번 몰아서 하는 것이 게임중독을 방지할 수 있다. 보통 부모가 체크할 수 있는 주말이 좋다. 종료 시간이 다가오면 미리 시간을 알려 마무리할 수 있도록 하고, 정해진 시간 안에 게임을 마쳤다면 "약속을 참 잘 지켰구나."와 같은 칭찬과 보상으로 동기부여를 해준다.

아이가 틱 장애나 강박증이 생기기 전에 선정적이거나 무서운 동영상, 공포영화 예고편 등을 봤다는 경우가 꽤 있다. 특히 형이나 누나가 겁 많은 동생을 놀리려고 보여주는 경우가 많다. 이것이 틱을 일으키는 원인은 아니지만, 계기는 될 수 있다. 특히 불안해하는 아이에게는 더더욱 보이지 않아야 한다.

자기만의 공간 주기

틱을 가진 많은 아이들이 '틱'이란 말을 싫어한다. 그들은 부모나 친구들이 자신의 틱에 대해 언급하는 것을 꺼리고, 어쩔 수 없이 틱에 대해 이야기해도 '틱'이란 단어를 직접 입에 담으려 하지 않는다. 당연히 아이들은 틱에 대해 말하는 것 이상으로 남이 자신의 틱을 보는 것을 싫어한다. 그러다 보니 집 밖에서 잘 보이지 않던 틱 증상이 집에만 오면 심해진다. 아무래도 집 밖에서는 틱을 꾹 참고 있기 때문이다.

그렇기에 틱을 가진 아이에게는 자기만의 공간이 필요하다. 그곳은 아이가 자연스럽게 긴장을 풀 수 있는 공간이다. 가장 좋은 방법은 아이 방을 마련해주는 것이다. 아무도 보지 않는 자기 방에서 틱 증상을 자유롭게 발산하고, 여러 불쾌한 감정도 해소할 수 있도록 해준다. 부모는 24시간 자신의 눈앞에서 아이의 틱을 관찰하고 싶고, 아이의 감정마저 통제하고 싶어 한다. 하지만 이는 틱 증상뿐만 아니라 분노와 좌절도 심하게 만드는 행동이다. 자기만의 공간이 있으면 아이는 심리적인 안정을 갖고, 그 외의 장소에서 자신의 삶을 살아가는 힘을 얻는다.

내 동생이 이상해요

혹시 병원에 입원하거나 간병해본 적이 있는가? 잠깐이라도 병원 생활을 해보면, 환자 한 명에 얼마나 많은 사람이 매달려 있는지, 얼마나 손이 많이 가는지 알게 된다. 집 안에 환자가 한 명 있으면, 가족 모두 그 병으로 고통 받는다.

마찬가지로, 아이에게 틱이 생기면 부모는 틱을 가진 아이밖에 보이지 않는다. 모든 신경이 아이에게 집중되고, 오늘은 어떤지 증상 변화에 촉각을 곤두세운다. 원하는 것은 단 한 가지다. 어떤 수를 쓰더라도 틱을 없애고 싶다!! 모든 생각은 거기서 벗어날 줄 모른다.

다른 형제, 자매는 비록 틱이 없어도, 틱의 고통을 함께 받는다. 매일 함께 지내는 형이나 동생이 이상한 행동, 혹은 소리를 한다면 놀랄 수밖에 없다. 형제에게 틱이 생기면서 달라진 집안 분위기나 생활환경도 감수해야 한다. 엄마, 아빠의 관심이 틱을 가진 형제에게로 쏠리는 것에 서운함도 느낀다.

이제까지 틱을 가진 아이를 보았다면 한 번쯤 형제들에게도 눈을 돌려보자. 가끔 잊는데, 그들 역시 분노와 시샘, 두려움 같은 다양한 감정을 지닌 똑같은 아이다.

틱이 아닌 형제도 힘겹다

아이들은 누구나 부모의 사랑을 원한다. 아이에게 부모의 사랑이란 대체할 수 없는 절대적인 가치다. 아무리 천방지축인 아이라도 부모가 기뻐하길 원하며, 부모의 관심을 얻으려 부단히 노력한다. 부모에게 잘 보이기 위해 형제간에 보이지 않는(?) 경쟁도 자주 있다. 부모의 사랑이 한쪽으로 쏠린다 싶으면 공격성을 드러내거나 침울해한다. 그래서일까? 간혹 부모의 무관심이나 편애로 인한 마음의 상처가 어른 때까지 남아 있기도 한다. 이러한 상처는 의존적이거나 공격적인, 혹은 친밀감에 문제를 가진 성격을 만들기도 한다.

유빈이는 초등학교 3학년이다. 두 살 터울의 동생 연우는 올해부터 같은 학교에 다니고 있다. 연우는 학교에 입학해서 얼마 되지 않아 틱이 나타났다. 엄마는 연우가 걱정됐는지 매일 등교 시간마다 학교에 데려다주고, 끝나는 시간에 맞춰 데리러 갔다. 유빈이는 아직까지 매번 혼자 학교에 다녔는데, 동생만 특별대우를 받는 것 같아 서운하다.

하루는 쉬는 시간에 동생을 보러 동생 교실로 갔는데, 연우가 친구인지 형인지 모를 아이들한테 둘러싸여 괴롭힘을 당하고 있었다. 유빈이는 얼른 소리를 지르며, 동생을 무리에서 끄집어냈다. 다시 한 번 동생을 괴롭히면 가만두지 않겠노라 으름장을 놓으며 녀석들을 따끔하게 혼내주었다. 동생을 구했다는 뿌듯한 마음에 집에 와서 엄마에게 이야기했더니, 엄마는 무섭지 않았냐며 동생만 챙기는 것이 아닌가? 칭찬까지는 아니더라도 잘했다는 말 한마디는 할 줄 알았는데, 유빈이는 서운한 마음에 왈칵 눈물이 났다. 나는 누나니까 당연히 잘해야 하고, 동생은 아프니까 항상 양보해야 하는 게 너무나 불공평하단다.

틱 아이의 형제자매는 자신에게 관심과 사랑이 줄어든 것에 대한 분노 혹은 시기와 질투를 가장 많이 보인다. 부모가 틱에만 신경 쓴다고 생각해 틱이 없는 자신은 소외당한다고 여기는 것이다. 실제로 틱을 가진 아이에 비해 뒷전으로 밀리는 경우가 많고, 양보하라는 말을 자주 듣기 때문에 억울함을 호소한다. 종종 틱을 가진 형제자매를 티나게 시샘하거나, 부모의 관심을 자신에게로 돌리려고 어린아이인 척

퇴행현상을 보인다.

반대로 틱을 가진 형제에게 잘해주지 못해서 미안함을 느끼거나, 자기 때문에 나쁜 병이 생겼다고 죄책감을 갖는 경우도 있다. 특히 틱 아이보다 형이나 누나라면 더욱 그렇다. 그래서 동생을 지켜주어야 한다는 책임감을 필요 이상으로 느끼기도 한다. 이런 아이들은 친구들이 틱을 가진 동생을 놀리거나 괴롭히는 데 아주 민감하게 반응한다. 자진해서 보호자 역할을 하고, 때때로 폭력적인 해결방법을 쓴다. 이러한 형제자매는 아주 든든한 보호막이 되지만, 간혹 과잉보호로 동생을 의존적인 성격으로 만들 수 있다.

또한 자신에게도 틱이 생기는 건 아닐까 하는 두려움에 빠질 수 있다. 혹은 틱이 있는 형제자매를 부끄럽게 생각해서 함께 어울리기 싫어한다. 이것은 모두 틱에 대한 오해로 잘못된 반응을 보이는 것이다. 이러한 아이들에게는 틱이 무엇인지 정확하게 알려주어 과도하게 겁내지 않도록 해야 한다. 이에 대해서는 잠시 뒤에 설명하겠다.

형제간의 잦은 다툼은 부모의 또 다른 골칫거리다. 틱을 가진 아이는 반항 행동이나 폭력적인 성향이 꽤 많다. 이런 경우 형제끼리 자주 치고받고 싸운다. 만약 강박증을 동반한다면 형제자매가 자기 물건을 건드리는 걸 매우 싫어하고, 자기 일에 참견하는 것에 신경질적으로 대한다.

사실 모든 아이를 똑같이 대한다는 것은 어려운 일이다. 자식을 차별하고 싶은 부모가 어디 있겠는가? 하지만 더 눈에 밟히는 아이가 있는 법이다. 좀 더 모자란 것 같은 아이에게 관심이 가는 것은 어쩔 수 없다. 조금 더 큰 아이가 도와줬으면, 너라도 엄마를 이해해줬으면 하는 마음이 드는 것이다. 하지만 아이의 나이가 더 많다고, 불평하지 않는다고 엄마의 사랑이 덜 필요한 건 아니다. 아이가 이해하는 것 같지만, 밖으로 표현하지 않지만, 아이 가슴속에 서운함이 쌓이고 있을지 모른다. 어미 새가 모든 아기 새에게 골고루 밥을 나눠주듯이, 모든 아이들에게 고르게 대하려는 자세가 필요하다.

틱의 영향을 받는 아이들

틱은 함께 사는 형제자매를 힘들게 할 뿐만 아니라 직접 영향을 주기도 한다. 틱 장애는 유전 요인이 작용하다 보니, 때때로 형제가 함께 틱을 겪기도 한다. 집에 한 아이만 틱이어도 힘든데, 여럿이 틱을 보이면 부모의 삶은 완전히 피폐해진다. 성욱이와 민욱이도 그러한 경우다.

성욱이, 민욱이는 두 살 터울의 형제다. 둘은 엄청난 개구쟁이로 같이 놀다가 싸우기를 반복하는 것이 하루 일과다. 둘이 붙어 있으면 감당이 안 될 정도로 정신이 없지만, 그래도 서로 미워하는 일 없이 우애만큼은 최고다.

그러던 어느 날 형인 성욱이가 초등학교에 들어가고 얼마 되지 않아 틱 증상이 보였다. 눈을 깜박이고 얼굴을 찡그리더니, 목과 어깨를 흔드는 것이 한꺼번에 나타났다. 동시에 음성틱도 생겨서 신음소리 같은 '음음' 소리를 내기 시작했다.

그런데 그게 끝이 아니었다. 틱은 전염되는 것이 아닌데, 얼마 지나지 않아 동생 민욱이에게도 비슷한 증상이 나타난 것이다. 사실 처음에는 민욱이가 성욱이 행동을 따라 하는 줄 알았다. 워낙 장난을 좋아하는 아이들이라 전에도 상대방의 동작이나 습관을 따라 하곤 했기 때문이다. 그렇지 않아도 성욱이한테 틱이 생겨 속상한데, 민욱이가 따라 하니 엄마는 너무 화가 났다. 민욱이를 야단치기도 하고, 하지 말라고 소리치곤 했다. 그런데 하루는 민욱이를 자세히 쳐다보니 혼자 있을 때도 눈을 깜박이고 얼굴을 찡그리는 것이었다. 세상에 이런 일이. 민욱이마저 틱이었다.

몇 년에 걸쳐 아이들의 증상은 아주 다양하고 변화무쌍하게 나타났다. 한 번에 한 가지 증상만 나오는 게 아니라 여러 틱이 동시다발적으로 나왔다. 시간이 지나면서 주된 증상은 조금 잦아들었지만, 완전히 사라지지는 않았다. 증상이 나타나는 데도 흐름이 있어서 얼굴을 찡그리는 것이 주로 보이다가, 목을 뒤로 젖히는 증상이 나타났다. 두 가지 모두 잠잠하다 싶으면 헛기침을 하고 '익익' 하며 이상한 소리가 두드러졌다.

신기한 점은 아이들이 서로의 증상을 따라간다는 것이다. 성욱이한테 새 증상이 나오면 얼마 되지 않아 여지없이 민욱이에게도 나타났다. 마찬가지로 민욱이 증상도 성욱이에게 번져갔다. 서로 경쟁하듯 증상이 나타나고 사라지는 걸 반복했다.

틱 장애는 전염성 질환이 아니다. 틱이 있는 아이와 함께 있다고 해서 틱이 생기지는 않는다. 다만 원래 틱이 있는 아이가 옆의 다른 틱을 가진 아이의 증상을 따라 하는 일이 간혹 있다. 특히나 형제자매처럼 오랜 시간 함께 있는 경우에는 더욱 가능성이 커진다. 이는 뇌 신경계 중 거울 뉴런에 의한 것으로 보인다. 거울 뉴런은 남을 따라 하는 모방행동과 관련 있다. 틱을 가진 아이는 운동억제 능력이 떨어지므로 남의 운동을 따라 하게 되는 것이다.

틱 장애는 아니더라도 형제자매 중 강박증이나 ADHD가 보일 수 있다. 강박성향이 있거나 산만하고 과잉행동을 보일 때, 아이의 성격으로 넘길 때가 많다. 틱을 가진 형제가 있다면, 이는 단순히 성격 문제가 아니라 우리 뇌와 신경전달물질의 불균형에 의한 장애일 가능성이 높다. 그러니 문제 인식 후 바로 치료에 임하는 것이 좋다.

형제에게 틱 알려주기

형제자매는 부모와 더불어 가장 오랫동안 틱 증상을 지켜보는 사람이다. 형제자매가 자녀의 틱 증상에 대해 궁금해한다면, 부모는 틱 장애라는 사실을 정확히 알려주어야 한다. 틱을 가진 아이에게도, 형제자매에게도 틱 장애에 대해 숨길 필요는 없다.

가끔 틱 환자의 형제자매를 보면 틱을 과도하게 무서워해서 틱 아이를 가까이 하지 않거나, 나와는 아주 다르다고 생각해서 모르는 사람처럼 지내는 경우가 있다. 틱 아이를 창피해하여 함께 다니기 싫어하거나, 친구들을 자기 집에 오지 못하게 한다. 틱이 자신에게도 옮길지 모른다고 생각하거나, 절대로 나을 수 없는 병이라고 오해하기도 한다. 이는 모두 틱에 대해 잘 모르기 때문이다. 부모가 제대로 설명해서 잘못된 생각을 바꿔주어야 한다.

형제에게 어떤 문제가 있고, 왜 생기며 어떤 영향을 미치는지를 설명한 후에, 아이가 틱을 하는 동안에 어떤 기분을 느낄지, 무엇을 가장 힘들어 할지, 주위에서 어떤 도움을 주면 가장 고마워할지 등을 생각해보는 시간을 갖자. 이런 시간으로 아이의 이해할 수 없는 행동이나 짜증, 반항 행동, 불손한 태도에 대해 형제들도 이해하게 되고, 틱 아이에게 좀 더 부드럽고 융통성 있게 대하게 된다.

형제에게 이야기할 때는 침착하고 진지하게 하되, 두려움을 느끼지 않도록 긍정적인 태도로 말해야 한다. 가장 중요한 것은 아이의 틱이 절대 옮겨지지 않는다는 확신을 주는 것이다. 함께 공부하고 놀더라도 전혀 문제없음을 강조한다. 두려움을 없애야 아이의 형제들도 편견 없이 틱 증상을 볼 수 있고, 나와 다르지 않음을 알게 된다. 가족의 노력과 치료로 아이의 틱이 좋아질 수 있다는 믿음을 주어야 한다. 틱을 가진 아이의 생활이 나아지는 데 자신이 큰 도움이 될 수 있다는 것을 느끼게 해준다.

아이의 형제에게 틱에 대해 말하는 걸 두려워할 필요는 없다. 틱은 누구의 잘못도 아니고, 지금 겪는 상황일 뿐이기 때문이다. 아이들과 충분한 시간 동안 지속적으로 대화하자. 또 아이들이 궁금해하는 것에 대해 완벽하게 답해야 한다는 부담감도 갖지 말자. 어려운 질문에 대해서는 시간을 들여 함께 찾아가면 된다. 아이는 질문하면서 스스로 답을 찾는 경우가 많다. 형제자매가 틱을 하는 아이 때문에 어려움을 겪는다면 모두 이야기하게끔 해야 한다. 이러한 애로사항에 대해 부모가 답을 찾아도 좋지만, "너는 어떻게 했으면 좋겠니?"라고 물어봐도 좋다. 형제들은 틱은 스스로 억제할 수 없다는 걸 이미 알고 있기에 자신이 좀 더 배려하고 인내해야 함을 저절로 깨닫게 된다.

다만, 틱에 대해 알고 이해한다고 해서 항상 올바르게 행동하는 건 아니다. 매일 보는 틱이라도 견딜 수 없이 화날 때가 있고, 감정이 폭발할 때가 있다. 아이가 틱 장애를 선택하지 않은 것처럼, 가족 역시 틱과 함께하는 삶을 선택하지 않았다. 틱 아이와 함께 산다는 것은 상상할 수 없을 만큼 큰 스트레스 상황이다. 그래도 서로 힘들 때 버팀목이 되어주는 것은 결국 가족이다. 틱으로 인해 강한 가족애를 느끼고, 하나로 똘똘 뭉치는 가족을 자주 본다. 약자에 대한 배려, 인간에 대한 관심과 이해는 틱으로 얻는 긍정적인 보상이다. 틱은 괴로운 질병이지만, 이를 슬기롭게 이겨가면서 더 깊은 사랑을 찾기를 바란다.

또 다른 부모,
할머니, 할아버지

하루는 TV를 켜놓고 다른 일을 하고 있는데, 앵커 목소리를 통해 "할빠", "할마"란 단어가 들렸다. 이는 할머니와 엄마, 할아버지와 아빠가 합쳐진 말로, 황혼육아가 늘어나면서 생긴 신조어란다. 요즘에는 육아 형태가 달라져, 엄마 혼자서 아이를 보는 게 아니라 여러 사람들 손에 아이가 맡겨진다. 그중 할머니, 할아버지에게 아이를 맡기는 경우가 압도적으로 많다. 2012년 통계청 자료에 따르면 국내 맞벌이 부부의 절반가량이 '조부모 육아'라고 한다. 특히 첫째 아이를 낳은 후에 조부모의 도움을 받는 경우가 65%를 넘는다고 한다.

이러한 황혼육아는 맞벌이를 할 수밖에 없는 세태를 반영하지만, 소중한 아이를 아무에게나 맡길 수 없다는 생각의 발로이기도 하다. 자식이 도와달라고 하니 어쩔 수 없이 맡지만 아이를 기른다는 건 결코 쉬운 일은 아니다. 아무리 손주여도 내 자식이 아니다 보니 매사 조심스럽고, 혹여 잘못되지 않을까 걱정된다. 아이가 감기라도 걸리면, 다 내가 잘못인 것 같아 마음이 무거워진다.

그러다가 아이에게 틱 증상이 보이면 할머니, 할아버지 심장은 쿵하고 내려앉는다. 엄마가 직접 돌보지 않는 티를 내는 건지, 내가 보지 않은 사이에 잘못된 습관이 든 건지, 뭘 잘못 먹인 건지 머릿속이 복잡해진다. 그래서 엄마, 아빠가 알아채기 전에 없애려 노력하고, 아이를 혼내고 다그치기도 한다. 하지만 그런다고 해서 틱이 사라지지 않는다. 이 부분은 육아의 한 축을 담당하는 할머니, 할아버지를 위한 것이다. 이제 틱 치료에서도 할머니, 할아버지의 역할은 무시할 수 없는 비중을 차지하기 때문이다.

혼내지 마세요, 나쁜 버릇이 아니에요

요즘 맞벌이 부부가 많아서 그런지, 우리 병원에도 할머니 손을 잡고 오는 아이들을 자주 본다. 이 할머니들이 자주 하는 말씀이 있다.

바로 '우리 어릴 때는 틱이 별로 없었는데, 요즘에는 틱을 하는 애들이 많이 보인다'는 것이다. 실제로 틱 장애의 유병률이나 환자 수는 매년 늘고 있지만, 몇십 년 사이에 틱이 엄청나게 증가하지는 않았을 것이다. 틱에 대한 관심과 치료 인식이 늘면서 더 많게 느껴지는 것으로 생각된다.

이렇듯 관심이 높아진 만큼 아이를 윽박지르거나 때려서 틱을 해결하려는 경우도 많아졌다. 틱 증상이 보일 때 따끔하게 혼내면 고칠 수 있다고 생각하는 것이다. 할머니, 할아버지 세대로서는 당연하다고 본다. 그때만 해도 틱에 대해서 거의 몰랐고, 병이라는 인식조차 없었기 때문이다. 틱을 그저 나쁜 버릇이라고 생각하여, 아예 몸에 붙기 전에 때려서라도 없애야 된다고 생각한 것이다.

그렇기 때문에 부모가 나서서 정보가 부족한 할머니, 할아버지에게 틱이 무엇인지, 아이가 왜 그러는지, 어떻게 대해야 하는지를 알려줘야 한다. 부모가 설명하기가 어렵다면, 의사선생님과 상담할 때 함께 하는 것도 좋다. 한 번 설명한다고 모든 것이 변할 수는 없다. 부모와 할머니, 할아버지가 지속적으로 대화해서 가장 적합한 양육방법을 찾아야 한다.

꼭 할머니가 아니라도 아이를 돌보는 모든 사람이 틱에 대해서 알아야 한다. 그래야 같은 방식으로 아이를 양육할 수 있고, 보호자들의 태도에 아이가 혼란을 느끼지 않을 수 있다. 치료할 때도 동일한 효과를 기대할 수 있다.

혼내는 걸로는 틱을 낫게 할 수 없다. 이 점은 아주 명백하다. 혼낸 다음 증상이 줄었다면, 그것은 아이가 당신 앞에서만 틱을 억누르고 있을 가능성이 높다. 그 시간은 오래 유지되지 않고, 나중에 더 큰 부메랑이 되어 온다. 틱 장애는 단순한 버릇이 아니다. 유전적 요인으로 인한 뇌 성장과 관련된 질환이다. 아이를 혼내기보다는 기저핵의 기능을 정상화시키는 치료가 우선이다.

할머니 때문이 아니에요

몇 년 전에 돌아가신 할머니께서 가끔 하신 이야기가 있다. 내가 3살 때쯤 할머니와 둘이 지낸 적이 있었는데, 대전에 놀러갔다가 나를 잃어버렸다는 것이다. 결국 중학생 형들이 경찰서에 나를 데려다 줘서 다시 찾았지만, 그 잃어버린 몇 시간 동안 정말 하늘이 무너지는 줄 알았다고 하셨다. "아마 너를 못 찾았으면 대전천이라도 뛰어들었을 거야."라고 하시는데 너무 진지하게 말씀하셔서, 마냥 웃다가 어색해진 기억이 난다. 할머니는 그때가 인생에서 가장 놀란 순간이라고 한다.

아이의 치료를 위해 함께 오는 할머니들을 보면 양육 부담감이 얼마나 큰지 알 수 있다. 원장실에 들어오는 순간부터 할머니들은 이미 대역 죄인이 된 표정이다. 물어보지도 않았는데, 우리 집에는 이런 아이가 없었다는 둥, 원래 이렇지 않았는데 갑자기 뭘 먹고 이러는지 모르겠다는 둥 말씀이 많아진다. 내가 웃으면서 "원래 그렇습니다."라고 말씀드려도, 뭔가 개운치 않은 모양이다.

아무래도 할머니들은 자신이 뭔가 잘못해서 틱이 생겼을까 걱정하는 것 같다. 자기 아들, 딸을 도우려고 힘든 몸을 이끌고 시작한 육아인데, 자기 잘못으로 손주에게 병이 생겼다면 이보다 더 가슴 아픈 일은 없다. 하지만 이제 그런 걱정은 붙들어 매도 좋다. 설령 할머니가 잘못된 육아방법으로 키웠다 해도, 이게 틱을 일으키는 주요 원인은 아니다. 틱은 발생 가능성이 높은 아이들이라야 오기 때문에, 할머니가 어떠한 방식으로 키웠든지 간에 틱이 발생할 아이라면 나타나고 만다. 오히려 할머니가 손주를 사랑으로 감싸 안아서 아이의 틱이 약하게 나타나는지도 모른다.

할머니가 아이에게 마음을 쓰는 것은 좋지만, 너무 과한 책임감을 가질 필요는 없다. 거기에 과거에 잘못한 일들을 떠올리며 죄책감을 느끼는 건 더욱 좋지 않다. 틱은 아이의 잘못도, 부모나 할머니의 잘못도 아니기 때문이다. 아니, 잘못을 따지는 것 자체가 의미 없다. 확인할 수도 없는 사실 때문에 마음 상할 필요는 없다. 그 대신 틱으로 고통 받는 아이를 위해 어떻게 할지에 머리를 모으는 것이 생산적이다. 만약 잘못된 것이 있었다면 이제부터라도 아이에게 도움이 되게끔 고치면 된다.

윤주 이야기

이 이야기는 틱을 이겨낸 성공 스토리가 아니다. 지금은 틱 증상이 보이지 않지만 완전히 사라졌다고 자신할 수는 없다. 이제 16살인 윤주의 인생이 어떻게 흘러갈지는 아무도 모른다. 단, 한 가지 확신할 수 있는 건 더 이상 윤주와 가족에게 틱은 큰 걸림돌이 아니라는 것이다. 설령 틱이 또 나타나도 조금 귀찮겠지만, 윤주의 인생을 좌지우지하지는 못할 것이다. 여기까지 오는 데 참 오랜 시간이 걸렸다.

내가 윤주를 처음 만난 것은 3년 전이다. 윤주와 엄마는 아주 닮았고 둘 다 키가 상당히 작은 편이라 쉽게 눈에 띄었다. 윤주는 첫인상이 강한 스타일이 아니지만, 조용히 자기 의견을 말할 줄 알아 꽤 당차다는 느낌을 받았다. 보통 상담할 때 아이보다는 부모와 많은 대화를 하는 편인데, 윤주는 스스로 이야기를 주도했다. 틱이 언제 시작했고, 어떻게 변해왔는지 조목조목 말했다. 다른 아이들처럼 자기 증상을 부끄러워하지 않았고, 숨기거나 축소하지도 않았다. 당사자가 '틱'이라는 단어를 싫어해서 나는 아이들 앞에서 그 말을 잘 안 꺼내는데, 먼저 자기 증상에 '틱'이라는 말을 붙인 것도 윤주였다.

사실 윤주의 증상은 상당히 심한 편이라 좋은 예후를 장담할 수 없는 상황이었다. 꽤 오랜 시간 틱을 앓았고 줄어들지 않았기 때문에 더욱 그러했다. 하지만 윤주의 자신감 있는 모습에 왠지 치료가 잘될 것 같다는 느낌이 들었다. 그리고 나의 느낌은 틀리지 않았다. 지금 윤주에게는 틱이 보이지 않는다. 아주 가끔씩 간질간질하거나 답답함이 느껴지는 전조감각이 있을 때 나에게 와서 침을 맞고 간단한 치료를 받고 갈 뿐이다.

윤주가 이러한 좋은 결과를 가져온 데는 특히 가족의 도움이 컸다. 윤주네 가족은 어떻게 틱을 이겨냈을까?

청천벽력과도 같았던 윤주의 틱

윤주에게 틱이 처음 나타난 것은 다른 아이들보다 다소 늦은 10살 무렵이었다. 그 이전에도 틱 증상이 있었을지도 모르지만, 부모님이 알아챌 정도로 나타난 적은 없다고 한다. 공교롭게도 윤주의 틱을 처음 발견한 이는 친할머니였다. 윤주네 집 근처에 살아서 가끔씩 반찬도 해주시고 아이도 돌봐주셨는데, 하루는 윤주가 눈을 심하게 깜박이는 것 같다고 말씀하신 것이다. 그러고 보니 눈을 감는 것이 부자연스럽고 억지로 눈을 깜박이는 것 같았다. 하지만 다음 날 아침에 보니 괜찮아서 윤주 부모는 어제는 피곤해서 그런 거라고 여기고 지나갔다고 한다. 그러나 윤주의 눈 깜박임은 피곤해서 생긴 것이 아니었다. 시간이 갈수록 심해져서 밤낮을 가리지 않았고, 얼마나 눈에 힘을 심하게 주는지 코까지 함께 찡긋거렸다.

하루는 딸꾹질과 비슷하지만 조금 더 높은 '음음' 소리가 나타났다. 이 소리는 윤주 부모만이 아니라 윤주에게도 큰 충격을 주었다. 소리가 나올 때마다 윤주는 손으로 입을 막았고, 사람들과 있을 때 소리가 나면 얼른 자기 방으로 숨어버렸다. 윤주도 부모님도 아무렇지 않은 척 지나갔지만, 불안한 눈빛은 숨길 수가 없었다. 그때만 해도 윤주 부모는 이것이 눈 깜박임과 같은 종류의 병이라고는 상상도 하지 못했다. 아이의 행동이 이상해 신경 쓰였지만 도대체 왜 그러는지, 이게 무슨 병인지 감이 오지 않았다.

윤주의 증상은 전혀 좋아지지 않은 채 설을 맞이했다. 설은 윤주 가족에게 악몽과도 같은 시간이었다. 온 집안 식구가 모인 자리에서, 사돈의 팔촌까지 보는 사람들마다 윤주에게 한마디씩 해댄 것이다. 모르는 사람이 보기에도 윤주의 행동은 뭔가 이상했던 것이다. 몹쓸 병이라도 걸린 것처럼 말하는 어른들 때문에 윤주 엄마는 당장이라도 집으로 가고 싶었다.

'어떻게 아이를 앞에 두고 아무렇지도 않게 그런 말을 할 수 있지?'

엄마는 도저히 사람들을 이해할 수 없었다. 명절 때면 다 같이 모여 신 나게 놀던 조카들도 윤주의 특이한 행동에 당황했는지 윤주를 피해버렸다. 윤주와 부모 모두 고통스러운 명절이었지만, 뜻밖의 소득도 있었다. 아이의 고모가 증상이 꼭 틱 같다고 알려준 것이다. 집에 와서 검색해봤더니 정말 윤주 증상과 똑같은 게 아닌가?

윤주 엄마, 아빠는 무엇인지 알게 되어 후련했지만, 한편으로는 막상 무엇인지 확인하자 착잡한 마음을 감출 수 없었다. 일단 무엇이든 해야 한다고 정신을 차리기까지 오랜 시간이 걸렸다. 한참이 지난 다음에야 엄마, 아빠는 서로의 감정이 무뎌져 있었고 심한 무기력증에 빠졌음을 깨닫게 되었다.

틱으로 똘똘 뭉칠 수 있었던 가족

당황스러운 일이었지만, 슬픔에 빠져 있을 수만은 없었다. 하는 말마다 어른스러움이 묻어나 이제 다 컸다고 여긴 윤주도 아직 초등학교 4학년 아이일 뿐이었다. 부모가 먼저 나서서 중심을 잡아야만 했다. 조금 더 빨리 현실로 돌아온 것은 엄마였다.

윤주 엄마는 틱 장애에 대해 냉철하게 살펴보았다. 틱 장애로 윤주와 가족들이 잃을 수 있는 것과 그렇지 않은 것을 구별했다. 그 결과, 필요 이상으로 틱에 대해 겁내지 않고, 긍정성을 잃지 않았다. 윤주 엄마는 윤주의 틱 장애로 일어날 어려움에 대해 다방면으로 생각했고, 그중 실제로 일어날 가능성이 높은 것들을 추려냈다.

엄마 생각에 가장 걱정되는 것은 윤주가 위축되어 사람들을 피하는 것이었다. 내성적인 윤주에게는 충분히 가능한 일이었다. 실제로 조짐도 보이고 있었다. 먼저 엄마는 아이에게 틱을 감추지 않고 궁금해하는 것들을 하나하나 알려주었다. 아이가 틱을 마치 동화 속 무서운 괴물처럼 여기면 안 된다고 생각했기 때문이다. 틱이 아이가 느끼는 것만큼 유별나지 않음을 윤주에게 계속해서 알렸고, 윤주 엄마 자신부터 그렇게 행동했다. 먼저 외출할 때마다 윤주를 데리고 다녔다. 실제로 함께 외출하다 보니 윤주는 사람들이 자신에게 별 관심이 없다는 걸 깨달았고, 자신이 남들과 다르다는 생각을 덜할 수 있었다.

또한 윤주에게 새로운 전환점이 필요하다고 생각하여 수영을 시작했다. 그리고 주말마다 가족과 함께 산이나 유원지로 등산 겸 여행을 떠났다. 이것은 체력을 키우면서, 틱으로 인한 스트레스를 발산하는 방법이었다. 이 활동으로 가족은 더 끈끈해졌고, 자연스럽게 사람들과 어울리게 되었다. 윤주도 사람들을 두려워하지 않게 되는 긍정적인 결과도 가져왔다.

윤주 엄마는 언젠가부터 윤주에게 짜증이 늘어난 것을 깨달았다. 그녀는 아이의 정서안정을 위해서 아이가 부모에게 모든 걸 말할 수 있는 분위기가 되어야 한다고 생각했다. 그래서 아이의 감정에 대해서는, 그것이 어떤 것이든 아이가 느끼는 그대로 이해하려 노력했다. "그렇구나."라며 아이의 기분과 감정을 인정해주니, 아이 스스로 자기 감정을 인식하고 통제하기 시작했다. 또한 엄마, 아빠도 힘든 것을 함께 이야기하고 기분을 표현하는 시간을 가졌다. 처음에는 어색했지만, 엄마부터 하루 종일 있었던 일과 느낀 점, 서로에게 고맙고 서운했던 것들을 이야기했다. 이러한 시간이 하루하루 쌓이다 보니 대화가 자연스러워졌고, 집안 분위기도 훨씬 부드러워졌다.

사실 윤주네 집은 화목한 가정이 아니었다. 윤주 부모는 맞벌이라 매우 바빴고, 특히 윤주 아빠는 일중독이라고 할 만큼 가정에 무관심했다. 윤주 엄마 역시 아이를 할머니에게 맡겨둘 때가 많았고, 윤주에게 많은 신경을 쓰지 못했다. 전화위복이었을까? 윤주에게 틱 장애가 생기면서, 윤주를 중심으로 가족이 똘똘 뭉치는 계기가 생겼다. 부모 모두 윤주를 다 큰 어른이 아닌 아이로 보고 더 많은 관심을 쏟게 되었다. 윤주를 진솔하게 바라볼 수 있게 되었고, 가족의 소중함을 깨달았다. 윤주로 인해 그들은 행복을 찾은 것이다.

틱을 극복하면서 성적도 좋아지다

내가 처음 윤주를 보았을 때, 윤주는 이미 몇 차례 치료 경험이 있었다. 가장 심했을 때보다는 줄어들었지만, 아직 증상이 완전히 수그러들지는 않은 상태였다. 한참 이것저것 배우는 것이 많을 나이라 시간 내기도 어려웠다. 그래도 윤주는 일주일에 한 번씩은 꼭 찾아와주었다.

윤주의 이미지를 말하자면 '똑순이'가 가장 잘 어울리지 않을까 싶다. 작은 키에 다부진 성격, 조용하지만 당찬 아이이다. 딸은 엄마를 닮는다고 하던가? 엄마 역시 비슷했다. 체구는 작지만 어디 하나 허술한 구석이 없는(나중에 더욱 확실해졌지만) '작은 거인'과 같았다.

초등학교 시절 윤주의 성적은 꽤 좋았다고 한다. 내성적이기는 했지만, 성격이 밝고 친구와 잘 어울리던 아이라 학교생활은 무난했나 보다. 틱 장애가 생기고 스스로 위축되어 친구들을 피하려 했지만, 그 기간은 오래가지 않았다. 가족들이 윤주를 강하게 지지해줬고, 단짝 친구 두 명이 항상 붙어 다니면서 윤주를 위로해줬다. 이러한 안정감이 학교 성적에도 좋은 영향을 준 모양이다.

중학교에 가면서 단짝 친구 한 명이 다른 학교에 배정되는 아픔이 있었지만, 윤주는 어렵지 않게 이겨냈다. 윤주와 내가 인연을 맺은 건 이때쯤이다. 윤주는 초등학교 때와 달라진 환경, 학습량, 자신의 틱 증상에 짜증내는 몇몇 친구 때문에 고민을 털어놓았다. 가끔 표정이 어두웠지만, 나름 노력하며 열심히 사는 듯했다. 치료가 쌓이고 증상이 좋아지면서, 윤주는 다시 밝은 성격을 되찾았다. 윤주에게 신경질을 내던 친구들도 사라졌다고 한다.

고무적인 사실은 틱 증상이 좋아지면서 집중력도 좋아졌다는 것이다. 윤주는 이상하게 수학시간만 되면 집중이 안 되고 내용이 눈에 들어오지 않았다. 그런데 증상이 줄어들면서 수학시간에 오래 앉아 있어도 집중력이 흐트러지지 않는단다. 중학교 1학년 때 중상위권인 성적은 학년이 오르면서 상위권으로 올랐다. 그 결과 윤주는 목표하는 고등학교에 입학했다는 좋은 소식을 들려주었다.

윤주가 틱 장애를 극복한 데에는 여러 요인이 있겠지만, 가족의 믿음을 첫째로 꼽고 싶다. 거기에 친구들의 도움과 적절한 치료가 합쳐진 결과일 것이다. 꼭 대단한 부모가 아니더라도 가족이 마음을 하나로 모으면 기적 같은 결과가 나오는 걸 자주 본다. 틱을 치료하고 이겨나가는 데 가족이 중심되기를 바란다.

Chapter 05

엄마의 삶을 돌아봐야
아이와의
행복한 관계를 만든다!

나는 지금 위태로운 엄마인지도 모른다

아이의 성장에서 엄마의 중요성은 아무리 강조해도 지나치지 않는다. 맹모삼천지교란 말처럼 엄마의 신념이 자녀의 미래를 바꿔놓기도 한다. 하지만 틱 아이를 둔 엄마는 끊임없이 엄마 역할에 도전을 받는다. 아이는 틱 증상으로 괴로워하며, 틱으로 인한 이차적인 문제들을 겪는다. 아이는 이해받기를 원하며 어려움 속에서 당장 실제적인 도움을 받고 싶어한다. 무엇보다도 아이에겐 엄마의 관심과 사랑이 필요하다. 이러한 상황에서 과연 나는 아이에게 어떤 엄마일까?

분노하는 엄마

"어머니, 그동안 많이 힘드셨죠?"

으레 하는 질문일 수 있는데도 지훈이 엄마의 눈빛이 돌연 싹 바뀌었다. 내가 뭔가 잘못 말한 걸까? 얼마간 알 수 없는, 서늘한 느낌이 우리 사이에 맴돌았다. 순간 입술이 바싹 말라왔지만, 침 삼키는 것조차 이 적막을 깰 것 같아 참아야 했다. 잠시 후 지훈이 엄마는 결심한 듯 말을 꺼냈다.

"지훈이가 목에 힘을 주고 흔드는 것을 볼 때마다 목을 졸라버리고 싶다는 충동을 느낄 때가 한두 번이 아니에요. 그런 생각을 하고 있는 저를 보고는 깜짝 놀라곤 해요."

뜻밖의 발언에 당황스러웠지만, 나는 짐짓 아무렇지 않은 듯 계속 말을 이어가기를 권했다.

"가끔 너무나 참을 수 없이 화가 나요. 근데 그게 정확히 뭔지 모르겠어요. 일단 제가 이런 말도 안 되는 걸로 화난다는 것 자체에 화나는 것 같아요. 아이가 일부러 틱을 하는 게 아니란 걸 아주 잘 알아요. 제가 틱에 대해서 얼마나 많이 찾아봤는데요. 그런데도 나한테만 이러는 걸까, 일부러 날 괴롭히려고 그러나, 이런 생각이 스쳐 지나가요. 사실 아이는 아무런 책임이 없는데 말이죠."

지훈이 엄마는 어릴 때부터 동네에서 소문난 수재였다고 한다. 부모님이나 언니오빠 모두 그녀에게 잔소리를 한 번 한 적이 없을 만큼 자기 뜻대로 살아왔다고 말했다. 이제까지 자기가 원하는 대로, 계획하는 대로 풀리지 않은 적이 거의 없었다. 하지만 틱은 지훈이 엄마 인생에 있어 처음 만난 커다란 걸림돌이 되었다.

지훈이에게 처음 틱 증상이 나왔을 때만 해도 자기 계획대로 하면 금방 사라질 줄 알았다고 한다. 그러나 슬며시 사라질 것 같던 틱은 온갖 방법을 사용해도 사라질 줄을 몰랐다. 다행히 음성틱이나 욕설틱은 없지만, 아무리 시간이 흘러도 아이는 목을 가만히 두지 못했다. 처음에는 자기 의견에 적극 동참했던 남편조차 이제는 자신을 극성엄마로 여기는 것 같단다.

"처음에는 그냥 저 자신에게 화가 났던 거 같아요. 내가 지금 아이에게 제대로 잘하고 있는지 확신이 가지 않았거든요. 이런저런 방법을 써도 안 되니 내가 정말 좋은 엄마인지 의심이 되고, 아무것도 해줄 게 없다는 생각이 드는 거예요."

자신에 대한 분노는 곧 세상에 대한 분노로 변했다.

"시간이 지나니까 보이는 모든 사람들에게 짜증이 나더라고요. 왜 하필 나한테 이런 일이 생겼는지 화나기도 하고. 세상 사람들이 다 틱이 생겨서 괴로워봤으면 하는 생각이 들었어요. 우리 가족 빼고는 다들 행복해 보였으니까요."

지금은 이러한 피해의식에 사로잡힌 막연한 분노는 잦아들었지만, 모든 분노가 지훈이에게 집중되는 것 같다고 한다. 엄마는 아이를 통제하고 싶은 욕구가 매우 강한데, 자기 맘대로 되지 않으니 아이의 목을 졸라버리고 싶을 정도로 분노가 강해지는 것으로 보인다. 나는 자녀는 부모의 소유물이 아니라는 이야기를 여러 번 했지만, 지훈이 엄마는 아직 가슴으로 받아들일 준비가 되어 있지 않았다.

간혹 이렇게 분노가 강한 부모가 찾아올 때가 있다. 이러한 분노는 틱을 가진 아이에게 표현되거나, 자신을 도와주지 않고 반대하는 남편이나 가족에게 분출된다. 심지어 아이를 돕는 선생님이나 의료진에게 화살이 향하기도 한다. 자신과 가족이 겪는 고통에 누군가 책임지기를 바라지만, 사실 틱은 그 누구의 책임도 아니다.

두려움에 휩싸인 엄마

남자는 여자의 눈물에 약하다고 한다. 특히 나는 이 말에 매우 공감한다. 그동안 많은 환자와 보호자들이 눈물을 흘리는 것을 보았지만, 여자의 눈물에는 도무지 익숙해지지 않는다. 매번 즐거운 상담시간이 되기를 바라지만, 특히 첫 번째 상담에서 엄마들은 눈물을 보이는 경우가 많다.

작년 여름, 한 아이의 엄마가 의자에 앉자마자 눈물을 떨구기 시작했다. 그녀는 다짜고짜 살아가기가 너무 무섭다고 말했다.

"지금 내가 아이를 잘 키우고 있는 건지 모르겠어요. 제가 하는 모든 것에 대해 확신이 사라졌어요."

그녀는 자신의 양육방식에 대해 모두 의심이 든다고 한다. 그러다 보니 아이에게 아무것도 해줄 수 없다는 무력감에 빠졌다.

"요 며칠간 틱 장애에 대해서 많이 찾아봤거든요. 커뮤니티에 가입해서 글을 읽다 보니 무서워졌어요. 좋아졌다는 글보다는 나빠졌다는 글이 많고, 그러한 이야기에 더 눈길이 가요. 어떤 치료에도 효과가 없다고 하고. 글을 읽다 보면 우리 아이도 꼭 그렇게만 될 거 같아서 두려워요."

그녀는 오히려 정보가 많아지면서 혼란에 빠졌다. 증상이 심하고 나빠진 사례만 기억에 남아 틱 장애를 과대평가하고, 비약적인 결과만 떠올리고 있었다. 커뮤니티 안에서도 사람마다 말이 다르니 아무것도 믿을 수 없게 되었다고 말했다.

"사람들 말로는 아이를 낳을 때 잘못되면 틱이 생긴다고 하더라고요. 제가 산통이 너무 심해서 제왕절개를 했거든요. 이럴 줄 알았으면 그냥 참고 견딜 걸 그랬어요."

그녀는 오래 전 제왕절개부터 최근에 아이를 혼낸 일까지 지나간 모든 일들에 대해 후회하고 있었다. 생각은 꼬리에 꼬리를 물어 나쁜 기억을 더 많이 불러와 그녀를 괴롭혔다.

"내가 이렇게 잘못된 말과 행동을 많이 했구나, 깜짝 놀란 적이 있어요. 그 이후로 하고 싶은 말이 있어도 머릿속에서만 맴돌지 꺼내기가 두려워요. 혹시 아이에게 상처를 주는 것이 아닐까? 그래서 틱이 심해지면 어쩌지? 이런 걱정이 너무 많아요."

그 엄마는 자책을 많이 하고 죄책감, 불안, 우울, 무력감이 자주 든다고 한다. 아이의 틱 치료와 함께 엄마의 두려움을 없애는 것도 의사의 중요한 일이다. 잘못 아는 걸 바로잡아야 하지만, 너무 많은 정보나 행동을 제약하면 두려움을 유발한다. 나는 보호자분께 아이에게 틱이 있다고 해서 육아방식이 달라질 것은 없다고 말하고 싶다. 보호자의 두려움이 사라져야 아이의 부정적인 감정을 감싸안을 수 있고, 아이를 자신감 있게 대할 수 있다.

무관심한 엄마

매주 수요일 오후가 되면 병원이 시끄러워진다. 수완이 엄마가 오는 날이기 때문이다. 수완이 엄마는 무척 할 말이 많은지, 매번 손에서 전화기를 놓는 적이 없었다. 특별히 사업을 하는 분도 아닌 것 같은데, 여기저기 전화할 데가 많은가 보다.

수완이 엄마는 첫 만남부터 아주 독특했다. 보통 틱 증상으로 병원을 찾으면 걱정하거나 진지한 모습을 보이기 마련이다. 그런데 수완이 엄마는 내가 무슨 말을 하든 전혀 감정을 드러내지 않았다. 아니 감정이 없다기보다는 전체적으로 과하게 명랑했다. 처음에는 그냥 밝고 긍정적인 분이라 생각했지만, 시간이 지날수록 조금씩 이상하게 느껴졌다. 겁나는 이야기든, 희망적인 이야기든 똑같이 빙긋 웃고만 있지 않은가? '우리 애가 참 그래요.', '그러게요. 심각할 거예요.' 자기랑 상관없다는 뉘앙스의 대답에 어떻게 반응해야 할지 당황했던 기억이 난다. 분위기가 왠지 모르게 붕 뜨고, 대화가 헛돌고 있다는 느낌이 강하게 들었다.

이렇게 생각보다 아이에게 무관심한 엄마들이 많다. 아마도 가장 놀랍고, 어려운 타입이 아닐까 싶다. 이런 부류의 엄마를 처음 보았을 때는 '진짜 친엄마 맞아?'라는 생각이 들었다. 내가 익히 아는 엄마의 이미지와 너무도 달랐기 때문이다. 엄마라고 하면 강한 모성애를 바탕으로 자식에 대한 무한 헌신과 봉사 등이 떠오른다. 하지만 모든 엄마가 다 그런 건 아닌가 보다. 아이의 부족함을 비웃는 엄마, 자기 일에 방해되지 않는다면 아이가 무엇을 하든 거들떠보지도 않는 엄마, 치료를 위해 상담하자고 해도 의사가 알아서 하라고 떠넘기는 엄마 등 다양한 엄마들이 있다. 이제는 아이에게 무관심한 엄마들을 보아도 그냥 '이런 부류의 사람들도 있구나' 하고 넘기고 만다.

엄마들의 무관심은 결국 자녀의 틱 장애에 대한 자기 책임에서 벗어나려는 방어기제가 아닐까 싶다. 그렇기 때문에 '병원에만 가면 낫겠지.', '이만큼 내가 시간과 돈을 들였으니 좋아질 거야.', '난 아이에게 할 만큼 했어.' 같은 생각으로 자신을 합리화한다. 아이에게 적극적으로 행동하지 않고, 그렇기 때문에 자신이 책임져야 할 것도 없다. 아이가 좋아지면 기쁘지만, 만약 좋아지지 않더라도 '그건 병이 너무 커서 그런 거야. 난 어쩔 수가 없었어.'라고 변명할 수 있다.

또한 이러한 엄마들은 자신은 변하려고 하지 않으면서, 지금 상황에 대한 책임을 남에게 돌리는 경향이 있다. 아이가 원체 우둔하다고 말할 때가 가장 많고, 남편의 무책임, 의사들의 무능력이 그 다음이다. 물론 틱이 생긴 게 엄마의 잘못은 아니지만, 그 책임을 아이에게 넘기지 않았으면 좋겠다. 처음부터 구제불능인 아이는 없다. 아이의 행동이 이해가지 않고 마음에 들지 않아도 그 역시 아이가 가진 병이라고 생각해보자. 엄마가 조금 더 아이에게 관심을 가지면 아이는 더 수월하게 틱을 이겨낼 수 있다.

자포자기해버린 엄마

승민이 엄마는 승민이를 가리켜 '동거인'이라는 표현을 썼다. 한 지붕 아래 살지만, 각자 할 일만 할 뿐 서로 간섭하지 않는다는 의미다. 커다란 몸집에 벌써 어른처럼 보이는 승민이는 이러한 엄마의 질책에 긍정도 부정도 하지 않았다. 그 모습에 아이도 나름 상처가 깊다는 생각이 들었다. 승민이가 중학교 3학년이 되자 엄마의 잔소리는 더 이상 먹혀들지 않았다고 한다. 엄마 말은 들은 체 만 체 하고, 형식적인 대답조차 들을 수 없었다. 대화는 사라져갔고, 승민이는 방 안에 처박혀 나오지 않았다.

"하루 종일 게임만 해요. 헤드폰을 끼고 하니까 아무 소리도 못 듣고 키보드만 다다닥거리고. 새벽 두 시, 세 시까지 앉아서 그러고만 있어요."

중학교까지는 마지못해 다니던 학원마저 고등학교에 와서는 끊어 버렸다고 한다. 아이가 잘 가지도 않을뿐더러 학원에 가서도 잠만 잔다는 것이다. 혼을 내볼까도 했지만 어차피 안 될 거란 걸 알기에 그만뒀다고 한다.

"공부는 그렇다고 쳐요. 어차피 공부로 성공할 거 같지도 않고. 그래도 사람이 뭔가는 해야죠. 틱이 있다고 인생을 포기할 거는 아니잖아요."

승민이는 그야말로 통제 불능의 상태였다. 하필 이 중요한 시기에 승민이 아빠는 지방으로 발령이 났다. 주말부부라서 아빠에게도 특별한 기대를 할 수 없는 상황이었다.

"애 아빠도 짜증나죠. 몇 시간 동안 운전해서 집에 왔는데, 아이가 저러고 있으니 기분이 좋겠어요? 처음에는 저랑 여러 번 싸웠어요. 도대체 아이 교육을 어떻게 시키는 거냐고. 근데 아이랑 몇 번 말다툼을 하더니 자기도 포기하더라고요. 승민이 때문에 저랑 남편도 사이가 안 좋아진 것 같아요."

나는 승민이의 치료를 시작하면서 운동을 함께 처방했다. 몸을 움직이다 보면 자신감과 의욕이 생겨난다. 다행히 승민이는 초등학생 때 육상부 선수였다. 하지만 이제 더 이상 달리기는 싫다고 해서 하루에 1시간씩 강변을 따라 자전거를 타기로 했다. 승민이는 가장 친한 친구와 함께 운동을 시작하기로 약속했다.

두 달 뒤 승민이는 많이 달라져 있었다. 가슴이 탄탄해졌고, 축 처진 어깨도 떡 벌어져 있었다. 운동이 재미있어 근력 운동도 함께 한다고 한다. 운동을 하다 보면 몸의 변화가 직접 보이기 때문에 성취감을 많이 느낀다.

승민이 엄마도 승민이가 많이 변했다고 말했다. 아직 게임을 많이 하지만 방에만 틀어박혀 있지는 않는단다. 엄마, 아빠와 대화가 늘었고, 투덜대면서도 심부름을 한다고 했다. 가장 기쁜 소식은 다시 공부하고 싶다며 학원에 다니는 것이다. 학원을 어색해하지만, 친한 친구들이 많이 다니고 있어 싫지는 않다고 말한다.

하마터면 포기할 뻔했던 아이가 엄마 품으로 돌아왔다. 틱이 있는 아이들은 그 스트레스를 게임으로 풀고, 엄마들은 이로 인해 갈등을 겪는 경우가 많다. 사춘기가 되면 아이들의 고집을 꺾지 못해, 엄마들은 결국 될 대로 되라는 식으로 자포자기해버린다. 엄마들이 다시 정신을 차렸을 때 걱정은 하나다. '너무 늦은 것은 아니겠지?'란 걱정이다. 하지만 고등학생인 승민이가 달라지듯 언제든 아주 늦어버린 경우는 없다. 말 그대로 늦었다고 생각할 때가 가장 빠른 때다. 아직 아이를 믿는다면 포기는 이르다. 우리는 항상 변할 수 있고 언제까지나 기회를 주어야 한다.

행복은 멀리 있지 않다

엄마에게 아이는 가장 큰 행복의 근원이다. 갓난아기와의 첫 눈맞춤, 엉금엉금 기어 다니다가 두 발로 섰을 때의 기쁨, 한글을 뗀 지 얼마 되지 않아 줄줄 책을 읽는 모습을 보았을 때의 놀라움이란……. 아이는 엄마에게 형언할 수 없을 만큼 큰 행복을 준다. 하지만 행복이 영원할 수는 없는 법, 특히 아이가 아플 때면 엄마는 무척이나 흔들린다.

우리 아이에게 틱 증상이 나타나면 엄마의 행복은 뿌리부터 흔들린다. 아이가 틱 장애임을 알게 된 순간부터 온갖 감정이 하루를 멀다

하고 찾아온다. 두려움과 절망감, 슬픔, 분노, 우울, 죄책감, 그리고 무력감까지……. 이러한 갖가지 감정들은 엄마를 행복에서 멀어지게 할 뿐만 아니라 우울증이나 수면장애, 만성피로, 식욕부진 등 다양한 위기로 몰 수 있다.

그렇다면 엄마들은 틱에 굴복하여 불행해질 수밖에 없을까? 아니다. 우리는 어떠한 역경에도 행복할 권리가 있다. 우리 아이에게 틱이 생긴 것이 기뻐할 일은 아니지만, 그렇다고 불행해질 일도 아니다. 틱은 아이가 겪을 수 있는 어려움 중 하나일 뿐이다. 또한 아이 양육을 위해서도 엄마의 행복은 중요하다. 행복한 엄마가 행복한 아이를 만든다는 말도 있지 않은가? 혜민스님이 말하기를 "아이에게 줄 수 있는 엄마의 가장 큰 선물은 엄마 스스로 행복한 것이다."라고 하였다. 행복한 엄마를 보면서 아이들도 마음의 안정을 찾는다.

헤르만 헤세는 "인생에 주어진 의무는 아무것도 없다. 그저 행복하라는 한 가지 의무뿐."이라고 말했다. 행복하려 노력하면 행복은 찾아온다. 스스로 만족스럽고 즐거운 삶을 살아가는 것이 자신을 위해서도, 아이를 위해서도 중요하다.

죄책감, 그 무거운 사슬을 풀자

행복한 엄마가 되기 위해 죄책감에서 벗어나는 것이 우선이다. 죄책감은 자신이 아이 병의 근원이고 아이를 잘못 키우고 있다는 생각이 합쳐져 생긴다. 이러한 죄책감은 보통 가장 먼저 찾아오면서도 틱이 사라진 이후까지 남아 있다. 엄마가 죄책감에서 벗어나야 틱을 편견 없이 바라볼 수 있다. 그래야 아이에게 진정한 도움을 줄 수 있다.

앞서 여러 번 말한 것처럼 틱은 누구의 책임도 아니다. 아이와 부모, 가족 모두 피해자일 뿐 가해자는 없다. 설령 자신에게 틱 장애가 있다 해도, 내가 아이에게 나쁜 것을 물려주었다는 생각은 잘못이다. 그건 아무도 알 수 없는 일이다. 책임 소재를 따지기 시작하면서 불필요한 오해가 생겨 가족들이 분열되는 것을 자주 본다. 가끔은 양가 집안이 나서서 누구 잘못이냐를 따지는데, 아이와 가족들을 힘들게 할 뿐 하나도 도움 되지 않는다. 죄책감과 절망감으로 가장 사랑하는 사람에게 상처를 주는 일은 없어야 한다.

또한 자신의 양육방법이 잘못되었다는 죄책감도 없어야 한다. 상담을 하다 보면 자신의 의도는 그게 아니었는데, 다른 행동을 해버렸다고 속상해하는 엄마들이 많다. 내가 이렇게 하면 안 된다는 걸 알았는데, 그때 화를 참지 못해서 아이에게 상처를 줬다는 것이다. 특히 틱에 대해 많이 아는 엄마들이 더욱 그런 말을 한다. 틱에 대해 많이 알더라도 모두 지킬 수 있는 것은 아니다. 틱의 스트레스는 대단하기 때문에, 나도 모르게 격렬한 감정이 폭발할 수가 있다.

한번은 부모 모두 교사인데, 아이에게 불같이 화를 내고는 바로 후회하는 모습을 보았다. 한평생 아이를 돌본 분들도 그러는데, 자신이 완벽할 것이라 기대하는가? 화를 내고 실수하는 것이 당연하다. 만약 잘못된 부분을 알았다면 대처방법을 미리 연습하고, 다음번에는 내가 마음먹은 대로 행동하면 된다.

이 세상에 완벽한 부모란 없다. 결점 하나 없는 사람이 어디 있겠는가? 한두 번 화를 내고 큰 소리를 쳤다고 해서 아이의 틱 증상이 급격히 나빠지지는 않는다. 물론 아주 예민한 아이들은 예외지만, 그렇다 해도 그 영향이 몇 주 이상 가지는 않는다. 아이를 키우면서 부모도 함께 성장한다. 자신의 책임이나 잘못을 찾기보다는 잘하고 있는 것, 나아지는 면을 보았으면 한다. 자신감 있게 아이를 대하자. 자신의 행동 하나하나를 따지며 죄책감을 느끼지 않기를 바란다.

긍정적으로 바라보는 방법

이미 일어난 일이라면 괴로워한다고 달라지는 것은 없다. 피할 수 없다면 즐기라는 말이 있다. 즐길 수는 없더라도 틱 장애를 부정적으로만 바라볼 필요는 없다.

일단 틱 장애는 아이가 겪을 수 있는 것 중 최악의 것은 아니다. 아이의 정신에 이상이 생긴 것도 아니고, 인간관계를 맺거나 공부하는 데 직접 영향을 미치는 것도 아니다. 강박증이나 ADHD 같은 동반 장애가 오히려 영향을 미친다. 하지만 이것도 틱 장애를 치료하다 보면 함께 좋아질 때가 많다. 그리고 틱 장애는 회복될 수 없는 영구 장애를 남기지도 않는다. 단지 겉으로 보이는 게 크다 보니 신경이 많이 쓰일 뿐이다. 또한 틱 장애는 치료가 불가능한 불치병이 아니다. 대부분 성인이 되기 전에 사라지며, 전문 치료로 증상이 사라지는 경우가 많다.

앞서 본 '윤주 이야기'에서처럼 틱 장애는 긍정적인 결과도 가져올 수 있다. 사람은 본래 부정적인 것에 더 휩쓸리지만, 틱은 모든 것을 빼앗아가지는 않는다. 대표적으로 틱은 자녀에게 더 많은 관심을 갖는 기회가 되고, 아이와 더욱 가까워지도록 만들어준다.

아이의 틱을 살피면서 이제껏 몰랐던 아이의 새로운 면이나 장점을 알게 되었다는 엄마들을 자주 본다. 또 아이에게 신경 쓰다 보니 자신에게 이렇게 큰 사랑이 있는 줄 몰랐다는 엄마들도 많다. 아이와 더 많은 시간을 보내면 자연스럽게 유대감이 강해진다. 자녀 관계가 더욱 돈독해지면서, 부부 관계에도 긍정적인 영향을 미친다.

그러니 자신의 감정에 끌려가지 말고 침착함을 유지하는 것이 필요하다. 우리 삶에 긍정적인 면은 분명히 존재한다. 이러한 긍정적인 요소를 찾아 바라보자. 아이가 틱을 보일 때도 웃음으로 넘기는 지혜가 필요하다.

틱이 싫다고 찌푸리면 무엇 하겠는가? 아이는 눈치만 볼 뿐이다. 실제로 아이가 틱 증상이 심하다고 느끼면 엄마 눈치를 자주 본다. 이럴 때일수록 웃음으로 넘긴다면 아이도 긴장하지 않고, 자신의 행동에 대해 자연스럽게 받아들일 수 있게 된다. 그리고 그것이 나쁜 행동이라고 생각하지 않아 자존감이 떨어지지 않는다.

아이에게 도움이 될 수 있다는 건 행복한 일이다. 아이에게 엄마는 가장 큰 기둥이자 위안이다. 아이에게 최선을 다하고, 도움을 줄 수 있다는 것에 감사하자. 그 작은 실천으로 감사 일기 쓰기를 추천한다.

● 감사 일기 쓰기

하루를 마무리하며 오늘 하루 감사한 일을 찾아보자. 감사 일기는 삶을 긍정적으로 바라보는 좋은 훈련이 된다. 짧고 간결하되, 진심을 담아 쓰고 5분 이내로 정리한다. 처음에는 찾아내기가 어렵지만, 익숙해지면 세상에 감사할 것이 이렇게 많다는 것에 놀라고, 긍정적으로 변하는 자신을 느낄 수 있다. 아주 작고 사소한 것에도 감사의 마음을 갖고 하루를 정리하자.

- 먼저 나에게 감사한 것을 세 가지 적는다.
- 다음으로 아이에게 감사한 것을 세 가지 적는다.
- 주변 사람들에게 감사한 것을 세 가지 적는다.
- 마지막으로 나를 칭찬하는 멘트를 한두 줄 적는다.

몸부터 편안하게 만들자

아무리 긍정적으로 바라봐도 틱이 있는 아이의 엄마가 불안이나 슬픔, 두려움 같은 감정을 아예 없애기는 힘들다. 어려운 난관이나 감당하기 힘든 감정이 지속되면 우리는 결국 지친다. 마음이 힘들 때는 생각을 바꾸려 하기 전에 일단 몸을 편안하게 만드는 것이 좋다. 옛날에 어머니들이 "힘들수록 밥 잘 챙겨먹고, 몸 건강하라."고 말씀하신 것과 일맥상통한다.

몸을 편안하게 만드는 것은 스트레스에 대한 '저항성'과 연관된다. '스트레스 저항성'이란 스트레스를 견뎌낼 수 있는 능력을 말하며, 같은 스트레스를 받았을 때 얼마나 빨리 회복될 수 있는지를 말한다. 신체적인 긴장이 줄어들면 스트레스 저항성이 높아져 정서적인 고통에도 비교적 빨리 감정적, 심리적인 안정을 되찾을 수 있다.

몸을 편안하게 만드는 가장 쉬운 방법은 휴식이다. 엄마들은 하루 종일 무언가 해야 한다는 압박에 시달린다. 짧더라도 하루 일과에 휴식시간을 꼭 넣자. 이 휴식은 적극적인 휴식으로 몸뿐만 아니라 마음도 쉬는 시간이다. 잠시 휴대폰을 던져두고 아무런 생각도, 행동도 하지 않는 절대적인 휴식시간이 필요하다.

또한 몸이 편안하려면 충분한 수면이 필수다. 잠을 못 잔 날 평온한 감정을 유지하기란 거의 불가능하다. 감정이 들쑥날쑥하고, 별것도 아닌 일에 쉽게 흥분한다. 이건 조금 다른 이야기지만 환자에게 감정 문제가 보일 때, 나는 가장 먼저 잠을 잘 자는지를 묻는다. 만약 불면증이 있다면 이것을 가장 먼저 치료하고, 잠을 잘 자게 되면 감정 문제는 저절로 회복되는 경우가 많다. 이렇듯 충분한 수면은 괴로운 마음을 편안하게 회복시켜 준다.

따뜻한 물로 목욕하는 것도 몸의 긴장을 푸는 좋은 방법이다. 따뜻한 물이 담긴 욕조에 몸을 눕히거나 긴 샤워를 하면 몸은 물론 기분까지 상쾌해진다. 목욕은 혈액순환을 돕고 몸의 긴장을 풀어 코티솔 수치를 줄인다. 코티솔은 급성 스트레스와 관련된 호르몬으로, 코티솔 수치가 높아지면 면역세포를 억제해 면역기능이 떨어진다. 따라서 목욕을 하면 스트레스가 풀리는 동시에 면역기능도 높아진다.

이 밖에 이완 방법으로 스트레칭이나 체조, 요가 등이 있다. 자신에게 가장 맞는 방법을 택하면 된다. 정적인 것이 맞지 않는다면, 무작정 걷는 것도 감정을 추스르고 몸의 긴장을 푸는 좋은 방법이다.

그렇다면 가족이 함께할 수 있는 방법은 없을까? 있다. 바로 꼭 안아주는 것이다. 안아주는 것은 상대방에게도 큰 힘이 되지만, 자신에게도 크나큰 위안이 된다. 포옹은 다른 어떤 것도 대신할 수 없는 큰 힘을 지닌다. 서로 안아주면 호르몬 옥시토신이 분비되면서 하나가 되는 사랑의 감정과 행복감을 느낀다. 몸과 마음의 안정을 위해 남편을, 아이를 자주 안아주자. 틱을 가진 아이를 포근하게 감싸 안는다면 엄마도 마음이 편해지고, 아이도 마음의 안정을 찾는다. 말하지 않아도 서로 위로하는 놀라운 경험을 할 것이다.

조급하게 보지 말고 길게 봐야 한다

우리나라 사람들은 참 성격 급하다. 부모님께 틱 장애가 무엇인지, 아이 상태가 어떠한지 차근차근 설명하려 해도, 부모의 정신은 벌써 내 말이 아닌 검사지에 가 있다. 이 그래프는 무엇이냐? 왜 우리 아이만 이렇게 다르냐? 혼을 쏙 빼놓는 통에 상담은 뒤죽박죽이 된다.

나는 익숙해져서 잘 모르겠는데, 외국인들이 우리나라에 오면 아직도 "빨리빨리."란 말을 많이 듣는단다. 걷는 것도, 식사도 하도 빨리해서 정신을 차리기 힘들다고 말한다. 오죽하면 버스가 도착하기도 전에 차도로 뛰어가 발을 다치고, 커피가 다 나오기도 전에 자판기에 손을 넣어 데인다는 우스갯소리가 있겠는가.

틱 장애는 오래 유지되는 것으로 널리 알려져 있다. 틱이 금세 사라지기도 하지만, 어떤 아이에게는 몇 년을, 어떤 아이에게는 청소년기 전체를 틱과 함께 보내기도 한다. 간혹 성인이 되어도 남아 평생 가져가야 할 고통이 된다. 이것은 틱을 바라보는 엄마도 마찬가지다. 아이의 틱에 익숙해지기는커녕, 틱이 주는 괴로움은 날이 갈수록 심해진다. 학년이 올라갈수록 증상도 심하고, 아이가 틱을 심각하게 받아들이는 것 같아 걱정이 된다. 틱 증상이 잠잠할 때는 곧 사라질 것 같다가도, 이내 다시 심해지기를 반복한다.

그러니 차근차근 하루를 쌓아가는 꾸준함이 중요하다. 이러한 꾸준함이 쌓이면 증상과 행동이 달라지고 엄마의 마음도 안정이 된다. 작은 변화에 요란스럽게 굴면 스스로 혼란스럽고 평정을 찾기도 어렵다. 병을 지켜보는 것도, 아이를 돌보는 데도, 틱을 치료하는 것에도 긴 호흡이 필요하다.

틱은 하루아침에 끝나지 않는다

나는 때때로 치료하면서 예상보다 효과가 더딘 환자가 있으면, 그 환자가 꿈에 나온다. 꿈에서 본 아이는 현실과 달리 틱이 말끔하게 사라져 있다. 나뿐만 아니라 엄마들도 이러한 꿈을 꿀 것이다. 다만 엄마들은 이 꿈이 바로 현실이 될 거라 덜컥 믿는 것이 다를 뿐이다.

틱을 치료하면서 많은 엄마들은 허황된 기대를 한다. '이 약을 먹고 자고 일어나면, 온데간데없이 틱이 사라져버릴 거야.'라며 동화 속 마법 같은 일이 생기기를 바라는 것이다. 하지만 현실에서 그런 일은 흔하지 않다. 간혹 며칠 만에 증상이 사라지는 일도 있지만 그럴 때에도 대부분 증상이 다시 보이다 사라지는 조정기간을 거친다.

"우리 아이 틱이 나을 수 있나요?"

"정확히 얼마나 시간이 걸리나요?"

병원에서 가장 많이 듣는 질문 둘이다. 의사 역시 환자 못지않게 빨리 낫기를 바라지만, 이에 대한 대답은 매우 어렵다. 그래서 틱을 앓은 기간이 길수록, 증상이 심할수록 치료는 어렵다고 개괄적으로 말한다. 현재 증상 정도와 만성 여부에 따라 치료기간을 유추하지만, 꼭 들어맞지 않을 때도 있다.

병을 치료하는 데는 언제나 시간이 필요하다. 그러니 하루아침에 병을 고치려는 성급한 태도는 버리는 것이 좋다. 많은 엄마들이 틱 치료를 시작하고 1~2주면 좋아질 거라 생각한다. 안타깝게도 틱 장애는 그렇게 쉽게 사라지는 질환이 아니다. 사실 가벼운 감기도 그보다는 오래 걸린다. 틱은 짧게 잡아도 수개월간 치료해야 한다. 나는 보호자들에게 단호하게 6개월 정도는 치료해야 한다고 이야기한다. 이 정도 시간이 지나야 치료들이 쌓여 틱 증상이 좋아지게 된다.

가끔씩 보호자가 그렇게 오래는 치료할 수 없으니 빨리 끝내달라고 한다. 그러면 하는 수 없이 급하게 치료하는 데 꼭 문제가 생긴다. 치료 후에 곧바로 증상이 재발하는 것이 대표적이다. 이처럼 틱 장애란 성급하게 해서 좋아질 수 있는 질환이 아닌 것이다.

그러나 용기를 잃지 말라고 말하고 싶다. 아무리 심한 틱이어도 치료로 상당히 호전될 수 있기 때문이다. 설령 어른이어도 완치는 힘들더라도 증상을 줄일 수는 있다. 한꺼번에 모든 걸 해결하려 하지 말고, 현재 개선할 수 있는 것부터 차근차근 해나가면 된다.

급한 마음을 내려놓아야 틱 이외에도 아이의 다른 것들이 눈에 들어온다. 틱 아이라고 특별히 다를 것은 없지만, 불안감이나 긴장을 좀 더 많이 느낀다. 상담 중 아이가 불안해 보인다고 하면 그제야 "그러고 보니 맞는 것 같다."고 하는 부모들이 있다. 틱에 매달리느라 아이의 감정을 살펴볼 여유가 없었던 것이다. 그러니 조금 더 여유롭게 틱을 바라보도록 노력해보자.

틱과 친구가 되자

오래 투병하는 이들 중에는 유독 밝은 얼굴을 하는 분들이 있다. 분명 자신의 병을 모르지는 않을 텐데, 자신의 병을 고통으로 여기지 않고 낙천적으로 받아들인다. 자신의 병을 배척하지 않고 생활하면, 도저히 불가능할 것 같은 병을 극복해내기도 한다. 병을 이겨내기 위해서만이 아니라 나의 삶을 잘 이끌어나가기 위해 먼저 자신의 병과 친구가 되어야 한다. 짧게 끝나지 않는 질환일수록 자신의 병을 친구로 여기는 마음가짐이 중요하다.

틱과 친구가 된다는 것은 아이의 병을 있는 그대로 수용한다는 의미다. 틱은 부모가 받아들이기 나름이라 자신을 계속 쫓아다니며 괴롭히는 불량배도 되고, 귀찮고 성가실 뿐 나쁘지 않은 친구도 된다.

스트레스 감소 프로그램 중 하나인 MBSR(mindfulness-based stress reduction, 마음 챙김에 근거한 스트레스 감소) 프로그램에서는 고통은 받아들이되 그에 대해 판단하지 말라고 말한다. 판단에서 벗어나면 내가 고통스러웠던 것은 고통 자체가 아니라 고통에서 비롯된 마음의 괴로움임을 알게 된다는 것이다. 나는 고통과는 별개로 있는 그대로 존재한다. 이런 존재에 대한 자각이, 삶을 사는 데 큰 차이를 만든다.

틱에 대해 괴로워하거나 두려워하지 말자. 틱을 당장에 없애야 할 존재로 여기지 말고, 이런 현실을 원망하지도 말자. 틱을 있는 그대로 받아들이려고 노력하면, 그렇게 될 수 있다. 괴로운 마음이 들 때마다 '틱은 우리의 친구다'라고 생각한다면, 당장은 아니더라도 조금씩 그렇게 변한다. 틱을 바라보는 시선을 바꾸면 부모가 겪는 괴로움이 줄어든다. 끔찍한 형벌과도 같은 삶이 평온한 일상으로 돌아온다.

또한 틱을 있는 그대로 수용하면 아이의 짜증과 신경질, 분노, 이해할 수 없던 행동들이 이해되기 시작한다. 틱뿐만 아니라 자녀도 있는 그대로 편견 없이 바라보게 된다.

친구가 되라는 말, 있는 그대로 수용하라는 말은 치료를 등한시하라는 의미가 아니다. 틱은 치료해야 사라질 수 있다. 하지만 자연스럽게 해야지, 억지로 떼어내려고 하면 마음만 급해지고 상처를 입는다. '진인사대천명'이라고 하지 않는가? 엄마가 할 수 있는 노력은 다 하되, 결과까지 조종하려 해서는 안 된다.

다음은 틱과 친구가 되면서 얻게 되는 것들이다.

첫째, 가족관계가 좋아진다. 부정적인 생각이 줄어들면서 서로 이해하고 수용하며, 감사하는 마음이 생긴다.

둘째, 아이와 엄마 모두 한층 더 성숙해지는 계기가 된다. 인생은 평탄한 삶만 사는 것이 아님을 깨닫고, 자신이 원치 않는 것 또한 포용할 수 있게 된다. 이 포용력은 삶을 더욱 풍성하게 만든다.

셋째, 틱뿐만 아니라 엄마의 일상생활에서도 변화가 생긴다. 현실에 쫓겨 아등바등한 삶이 여유롭고 차분해진다. 일상 일을 더욱 의미 있게 살피고, 가족 관계를 더욱 중요하게 여긴다.

넷째, 마음의 제약이 사라진다. 틱이 있다 보면 행동반경이나 신체 활동이 줄어드는 경우가 있다. 틱을 친구로 생각하면 이러한 마음의 벽이 무너진다. 아이는 충분히 자유롭고 건강하며, 자기가 하고 싶은 일을 다 해낼 수 있다는 자신감을 갖게 된다.

틱과 친구 되는 법

틱 환자의 96%는 만 11세 이전에 처음 생긴다고 한다. 틱 장애는 소아청소년 질환이라고 해도 과언이 아니다. 어린 시절 잠시 만나게 되는 틱이란 친구. 어떻게 하면 함께 잘 지내다가 헤어질 수 있을까?

먼저 친구의 성격을 충분히 알아본다.

실제 친구를 사귈 때처럼 틱을 대할 때도 제대로 충분히 알아보아야 한다. 틱은 앞서 말한 것처럼 오랜 시간 아이와 함께한다. 학교에서 만나는 친구는 나랑 맞지 않으면 헤어질 수 있지만, 틱은 그럴 수 없다. 그렇다면 틱에 대해 잘 알고 있어야 함께 잘 지낼 수 있다. 어떻게 나타날 수 있는지, 어떻게 하면 잠잠해지는지, 친구로 함께하려면 어떤 것이 필요한지 엄마가 먼저 잘 알고 있어야 한다. 잡다한 지식을 쌓기보다는 제대로 검증된 정보를 찾아야 한다. 또한 틱은 혼자 다니기도 하지만, 다른 친구들을 같이 데리고 다닐 때가 많다. ADHD나 강박증, 학습장애와 같은 동반장애가 올 수 있다는 걸 염두에 두고 살펴야 한다.

틱에 대해 제대로 알게 되면, 갑작스런 변화가 오거나 특이한 행동을 해도 엄마는 평정심을 찾을 수 있다. 하나씩 알아갈 때마다 틱은 불량한 친구에서 착한 친구로 변해간다.

둘째, 친구의 변덕에 당황하지 않는다.

틱은 변덕이 심한 친구다. 어제까지 없던 새로운 증상이 나타나거나, 며칠 정신없이 변덕을 부리다가도 다음 날이면 멀쩡해지곤 한다. 하루 중 저녁에만 보인다거나 집 밖과 안에서 다른 아이처럼 보이기도 한다. 시시각각 변하는 증상이 놀랍고 두렵지만 엄마는 평정심을 유지해야 한다. 증상에 일일이 대응하다 보면 이 친구는 재밌어서 더 날뛰고, 엄마는 자제력을 잃을 수밖에 없다. 길게 보고, 큰 그림을 보는 마음의 여유가 필요하다.

셋째, 친구를 창피해하지 않는다.

초등학교 친구 중에 별명이 '허수아비'인 친구가 있었다. 항상 유행이 지나고 체형보다 큰 옷만 입고 다녀서 생긴 별명이다. 아마도 가난해서 형 옷을 물려받아 입고 다닌 게 아닐까 싶다. 어떤 이유인지 이 친구와 많이 친해졌는데, 둘이 있다 한번은 교회 선생님과 딱 마주쳤다. 나는 그런 친구를 사귄다는 게 왠지 창피해져 그 친구를 모르는 척하고 선생님을 따라갔다. 그 때문만은 아니겠지만, 그 후 그 친구와는 자연스레 멀어졌다.

아이가 틱이 있다는 것을 창피해하는 엄마들이 있다. 내가 '허수아비' 친구를 창피해했던 것처럼. 그래서 아이와 함께 다니려 하지 않고, 사람들 없는 곳만 찾아가려고 한다. 틱이 없는 다른 형제를 편애하거나 아이를 방치해버리는 경우도 있다. '허수아비' 친구의 가난이 그 친구의 잘못이 아니듯이, 틱도 아이의 잘못이 아니다. 사실 잘못된 것도 아니다. 그냥 잠시 동안 있는 증상일 뿐이다.

엄마가 틱을 부끄러워하면 그 마음이 아이에게 고스란히 전해진다.

아이는 자신감을 잃고 위축될 수밖에 없다. 이것은 아이 성격에 영향을 주어 아이가 모나거나 반항적으로 자랄지도 모른다. 어쩌면 틱보다 아이의 이런 면이 더 문제일 수도 있다. 틱은 사라지고 없는데, 엄마가 자신을 부끄러워했던 기억은 남아버리는 것이다. 내가 '허수아비' 친구의 모습은 기억하지 못해도 그 상황은 기억하는 것처럼 말이다.

넷째, 친구와의 헤어짐을 기약하자.

엄마들이 가장 두려워하는 것은 틱이 평생 가지 않을까 하는 것이다. 일과성 틱장애의 경우 성인까지 가는 일은 적다고 해도, "그럼 아예 없다는 건 아니잖아요. 우리 아이가 걸리면 그건 100%인 거잖아요."라고 말한다. 이 엄마처럼, 불확실한 미래에 대한 두려움이 현재의 삶을 지치게 만들 수 있다. 지금 틱이 있는 아이를 보는 것도 괴로운데, 이게 사라지지 않을 수 있다고 생각하면 지옥이 따로 없다.

틱은 어느 날 갑자기 찾아왔지만 언젠가는 아이를 떠나간다. 실제로 치료할 때, 엄마가 틱이 사라질 거라 믿는 순간부터 틱이 좋아지는 경우를 자주 본다. 그렇게 믿기 시작하면서 엄마와 아이의 삶이 다시 정상으로 돌아오고, 잊어버린 행복을 되찾게 된다.

아무리 오래되고 힘들게 하는 틱이라 해도 결국에는 좋아진다. 떠나갈 친구를 위해 현재의 나를 희생할 필요는 없다. 틱과 함께하는 시간을 편안히 받아들이기 위해 틱과는 언젠가 이별한다는 사실을 진심으로 믿는 것이 중요하다.

사랑이 아이를 안정되게 만든다

어떻게 보면 지금 이야기하려는 이 주제가 나에게는 가장 어렵게 느껴진다. '사랑'이라는 단어가 주는 무게감(?) 때문일까? 어떻게 말을 꺼내야 하나 고민이 많이 된다. 사랑하는 사람을 만나 결혼하고 매일 사랑한다는 말을 하지만, "사랑이란 이런 것입니다."라고 할 만한 것이 생각나지 않는다.

정신과 영역을 공부하다 보면 더욱 그런 생각이 강해진다. 무의식이나 방어기제라던가, 뉴런이니 신경전달물질이니 하는 것들은 알 수 있지만, 사랑이 무엇인지는 알려주지 않는다. 사랑 이외에 기쁨이나 슬픔, 분노, 공포와 같은 감정 역시 신경전달물질들에 의한 화학적 반응으로 설명하고 있을 뿐이다.

하지만 '엄마의 사랑'에는 그러한 설명으로는 부족한 뭔가 특별한 것이 있다. 아니 엄마들에게는 사랑을 더욱 특별하게 만드는 능력이 있다는 게 정확할 것 같다. 병원에서 환자들을 보면 마음속으로 '이 환자는 치료가 쉽지 않겠는데?' 하고 걱정할 때가 있다. 그런 심난한 환자들이 병을 털고 일어나는 순간에는 항상 엄마가 있다. 이럴 때는 '엄마의 사랑' 말고는 달리 설명할 방법이 없다.

실제로 '캥거루 케어'라고 해서 엄마의 사랑을 직접 이용하는 치료가 있다. 캥거루 케어는 미숙아로 태어난 아기를 엄마가 직접 피부를 맞대어 안고 있는 것으로, 함께 교감하면서 산모와 아기 모두 안정되는 효과가 있다. 사람의 체온이 전해져 옥시토신 분비를 촉진한다고 설명하지만, 인큐베이터에도 온도조절은 가능하므로 온도만으로는 설명이 부족하다.

솔직히 말하면 사랑만으로 틱을 낫게 할 수는 없다. 하지만 엄마의 인내와 사랑은 틱으로 힘겨운 아이를 덜 힘들게 만들고, 틱의 고통에서 좀 더 쉽게 버틸 수 있게 해준다. 그런 의미에서 틱을 가진 아이에게 엄마의 사랑은 중요하다.

틱 증상이 심할수록 엄마의 사랑은 더욱 필요하다. 틱 증상이 심해질 때 엄마의 사랑은 아이를 육체적, 정서적으로 모두 안정시켜 준다. 아이의 머리를 쓰다듬거나 등을 토닥이는 것, 안아주는 것은 모두 엄마의 사랑을 표현하는 좋은 방법이다. 증상이 심해서 아이가 불안해할 때 꼭 껴안은 채 머리를 쓰다듬고 등을 토닥여주며 "많이 힘드니?", "괜찮아질 거야."와 같이 아이를 안정시키는 말을 해주면 아이는 곧 안정을 되찾게 될 것이다. 심해지던 증상 역시 서서히 가라앉게 된다.

틱은 마음의 병이 아니지만, 마음이 안정되면 증상이 완화될 수 있다. 아이의 마음을 안정시켜주는 데 엄마의 사랑만 한 것이 없다. 마음의 여유를 가지고 아이의 병을 그대로 받아들이며 사랑으로 아이를 보살핀다면 어느새 틱은 아이의 곁에서 서서히 멀어지고 있을 것이다.

인정하자, 그래도 때로는 지친다

몇 달 만에 다시 만난 도연이 엄마는 많이 핼쑥해져 있었다. 넉 달 전 그녀는 나의 우려에도 불구하고 말없이 도연이의 치료를 중단했다. 그녀는 이 정도면 많이 좋아졌고, 지금 추세라면 금방 사라질 거라 생각했다. 그녀의 예상대로 사라지는 것 같았던 도연이의 틱은 지난달부터 다시 급격하게 나빠졌다. 다시 괜찮아질 거라 믿으며 하루하루를 버텼지만, 틱 증상은 치료받기 전으로 돌아가고 말았다. 안타깝지만 처음부터 다시 시작하는 수밖에 없다.

도연이 엄마는 나를 만나서 한 번도 자기 속내를 말한 적이 없었다. 매번 정장차림에 단정히 앉아 묻는 말에 대답만 할 뿐이었다. 그런 그녀가 다시 돌아와서는 처음으로 신세한탄을 했다.

"도연이는 결혼하고 7년 만에 얻은 아주 귀한 딸이에요. 저와 남편도 도연이를 기다렸지만, 도연이가 태어나자 가장 기뻐했던 건 저희 아버지에요. 명퇴하고 집에서만 계시던 분이 도연이를 봐준다고 하루도 빠지지 않고 저희 집에 오셨어요. 엄마도 그 정도로 하지는 못했는데 말이에요."

할아버지에게 도연이는 인생의 전부처럼 보였다고 한다. 그런 도연이에게 틱이 생기자 할아버지는 큰 충격에 빠졌다.

"밥도 안 드시려 하고 하루 종일 도연이만 바라보며 한숨을 쉬세요. 도연이도 신경 쓰이지만, 그런 아버지가 더 싫어요. 저희가 알아서 한다고 해도 듣지 않으시고. 잠을 못 주무셔서 며칠 전에 병원에 갔더니 글쎄 우울증이라고 하더래요."

그녀는 도연이의 틱을 '쓰나미'라고 표현했다. 자신과 집안 전체를 송두리째 휩쓸고 지나가버렸다는 의미다. 도연이의 틱을 살피느라, 아버지 기분을 맞추느라, 어머니의 넋두리를 듣느라 그녀의 삶은 사라져버렸다고 한다. 도대체 회사에서 어떤 정신으로 일했는지 모르겠단다. 그냥 모든 걸 던져버리고 아무도 없는 곳으로 떠나고 싶다고 말했다.

"머리가 완전히 굳어져서 어떻게 해야 할지 판단이 안 돼요. 그러다 보니 나도 모르게 멍하니 앉아 있을 때가 많아요. 아주 간단한 건데, 예전에는 쉽게 하던 건데 아예 생각이 안 날 때가 있어요. 그럴 때마다 소름이 끼칠 정도로 무섭고 두려워져요."

그녀 역시 우울증 초기 증세가 있었다. 이제 다시 치료를 시작하니 도연이는 곧 좋아질 것이고, 쓰나미는 더 이상 오지 않을 거라 안심시켜주었다. 아무리 노력해도 지칠 때가 생긴다. 지치고 힘들 때 몸의 휴식이 필요한 것처럼 틱 자녀의 엄마들에게는 마음의 휴식이 필요하다.

치료만큼 중요한 취미생활에 대하여

'눈에서 멀어지면 마음도 멀어진다'는 말이 있다. 보통 장거리 연애를 하는 연인들에게 많이 쓰는 말이지만 엄마와 자녀 간도 마찬가지다. 엄마가 아이의 틱을 보지 않는 시간이 있어야 엄마의 마음이 편안해질 수 있다. 어린이집에 보내건, 남편에게 맡기던, 잠시라도 아이와 떨어져 있는 시간이 필요하다.

지쳐버린 엄마들에게 나는 취미생활을 권하는 편이다. 그럼 엄마들은 "지금 이 정신에 무슨 취미생활을 하겠어요?"라며 핀잔을 주기 일쑤다. 몸이 두 개라도 부족할 지경인데 말이 되냐는 것이다. 나는 그럴수록 자신을 위한 시간이 꼭 필요하다고 역설한다.

취미생활은 자신을 위해서도 중요하지만 더 좋은 엄마가 되는 데 도움을 준다. 엄마 역할을 잘 해내려면 체력과 인내심이 중요하다. 아이를 돌보거나 집안일만 해서는 체력은 점점 떨어지고 인내심은 바닥을 드러낸다. 취미생활은 체력과 인내심을 기르는 돌파구가 된다.

그래서 나는 귀찮더라도 몸을 움직이는 취미를 가져보라고 권유한다. 운동을 꾸준히 하면 체력이 좋아지는 것은 당연하다. 또한 고강도 운동은 엔돌핀이 늘어나 스트레스가 해소되고 행복감을 느끼게 한다. 세로토닌과 노르에피네프린 역시 더 늘어나 기분을 조절할 뿐만 아니라, 식욕이나 수면 등 컨디션을 전반적으로 좋게 한다. 반면 스트레스 호르몬인 코티솔의 분비는 억제하여 긴장감을 해소시켜 준다.

꼭 운동이 아니라도 모든 취미활동은 육아와 틱으로 인한 스트레스를 풀어준다. 스스로 성취할 수 있다는 자신감을 주고, 짧은 시간 집중하기 때문에 정신 건강에도 도움이 된다.

무슨 취미를 가져야 할지 모르겠다면, 중학생이나 고등학생 때 한 취미활동이나 그 시절에 하고 싶었던 취미를 권한다. 아마 그것이 마음속 깊은 곳에서 바라고 있는 취미일 가능성이 크다. 또한 학생 시절로 돌아가는 느낌을 받아 순수한 기쁨을 맛볼 수 있다.

엄마의 삶도 중요하지만, 나 자신의 삶을 사는 것도 중요하다. 엄마 역할을 하느라 지쳐 있다면, 하루 한 시간이라도 자신을 위해 쓰도록 하자. 자신에게 충실한 엄마가 아이에게도 충실할 수 있다.

몸의 긴장을 푸는 방법

지속적으로 스트레스를 받으면 우리 몸은 과도하게 긴장한다. 이러한 긴장은 불면증, 두통, 어깨 통증과 같은 각종 통증, 소화불량, 피로감과 같은 다양한 증상을 일으킨다. 대체로 틱을 가진 아이들은 몸이 경직되고, 엄마 역시 걱정과 스트레스로 몸이 긴장될 때가 많다.

이러한 아이와 엄마를 위해 몸의 긴장을 푸는 방법을 소개하려 한다. 다음의 두 가지 이완법은 집에서 짧은 시간 동안 간단히 할 수 있다. 여러 번 반복할수록 더 빠르게 몸이 이완되며, 더 깊이 몸의 긴장을 풀 수 있다.

● 복식 호흡

복식 호흡이란 아랫배를 이용해서 숨쉬는 것을 말하며, 몸과 마음을 편안하게 하는 가장 기본적인 방법이다. 호흡은 기본적으로 자율신경계의 영향을 받는다. 자율신경계는 교감신경과 부교감신경의 항진과 저하를 통해 심박동이나 호흡, 동공 크기, 땀의 대사, 소화 작용 등 우리 몸의 여러 반응을 조절한다.

스스로 알아서 조절된다는 의미의 자율신경계이지만, 호흡은 그나마 마음대로 조절이 가능한 동작이다. 호흡과 심장 박동 수는 대개 비례관계라서, 호흡 조절을 통해 심장 박동 수 역시 어느 정도 조절할 수 있다. 호흡을 깊고 천천히 하면 자율신경의 균형을 찾을 수 있고 심장 박동 수도 안정을 찾게 된다.

- 먼저 편안히 허리를 펴고 앉아 그동안 무관심한 자신의 호흡을 느껴본다. 처음에는 양손을 배꼽 옆에 두어 배가 움직이는 것을 느껴봐도 좋다. 숨을 한 번 깊이 들이마시고, 3~4초간 숨을 멈춘다. 그리고 다시 천천히 숨을 내쉰다. 이 동작을 10회 반복하면서 자신의 호흡과 심장의 박동을 느낀다.
- 자신의 호흡에 익숙해졌다면 이제부터는 편안하게 평소대로 숨을 쉰다. 다만 평소보다는 조금 더 깊고, 길게, 천천히, 고르게 숨을 쉰다. 들이마시는 숨보다 내쉬는 숨을 2~3배 정도 길게 하는 게 좋다. 처음에는 힘들기 때문에 들이마시는 숨과 내쉬는 숨의 비율을 3 : 4 정도로 하고, 익숙해지면 1 : 2에서 1 : 3의 비율로 늘린다. 깊고, 길게, 천천히, 고르게 숨을 쉬면서, 내쉬는 숨을 통해 몸의 모든 긴장이 몸 밖으로 빠져나간다고 생각한다. 숨을 들이마실 때는 편안한 느낌이 몸속으로 들어온다고 생각한다.
- 호흡이 가라앉았다면 아랫배를 중심으로 호흡한다고 생각하면서 숨을 쉰다. 숨을 들이마실 때는 배가 풍선처럼 부풀어 오른다고 상상하면서 깊이 들이마시고, 숨을 내쉴 때는 뱃가죽이 등에 붙는다는 느낌으로 끝까지 내쉰다. 익숙하지 않으면 한 손은 아랫배에, 한 손은 가슴 위에 가볍게 올린다. 가슴에 얹은 손은 변화가 없고 아랫배에 얹은 손만 움직이는 걸 느낀다. 10분 정도 지속한다. 몸이 편안해지면서 마음 또한 편안해지게 된다.

● **자애 명상**

자애 명상이란 자신과 타인을 비롯한 모든 존재가 행복하고 평온하기를 기원하는 자애(慈愛)의 마음을 키우는 집중 명상이다. 자애 명상은 자신을 비롯해 좋아하는 사람, 특별한 감정이 없는 중립적인 사람, 미워하는 사람, 그리고 세상의 모든 생명에 이르기까지, 모든 존재 간에 균형을 이루고 분별이 없는 자애를 만드는 걸 목표로 한다.

먼저 나 자신을 향한 자애 명상을 시작하고, 이에 익숙해졌다면 아이를 향한 자애 명상, 가족을 향한 자애 명상, 나를 힘들게 한 사람들을 향한 자애 명상으로 나아간다. 우선 자신을 향한 자애의 마음이 강하고 힘이 있어야 한다. 그런 다음 자애의 마음을 향하고 싶은 사람에게 집중적으로 명상한다.

- 허리를 펴고 바르게 앉아 눈을 감고 천천히 호흡한다. 내쉬는 숨에 내 몸에 있는 모든 긴장이 빠져나간다 생각하고 천천히 자연스럽게 호흡한다.
- 내가 행복하고 평온하기를 바라는 대상을 상상한다. 그 사람의 모습 중 당신을 가장 행복하게 만드는 장면을 선택한다. 혹은 그 사람의 가장 행복한 모습을 기억해본다.
- 그(내)가 행복했거나 기뻤던 때를 떠올려 본다. 행복감을 느낀다. 그(나)의 몸 전체에 행복감의 에너지가 번지게 한다. 그(나)의 몸에 따뜻하고 훈훈한 느낌이 가슴에서부터 일어날 것이다. 입꼬리를 올리며 얼굴에 기쁜 표정, 행복한 표정을 짓는다. 그(나)의 몸은 기쁨으로 행복으로 가득 찬다.

- 그(내)가 위험으로부터 벗어나기를,
  그(내)가 정신적 고통으로부터 벗어나기를,
  그(내)가 육체적 고통으로부터 벗어나기를,
  그(내)가 건강하고 행복하기를 바란다.
  (3번 반복한다)

이 4가지 문장은 다음 문구로 대체할 수 있다.

- ○○○가 안녕하고 행복하고 평화롭기를,
  그(나)에게 아무런 해가 없기를,
  그(나)에게 아무런 어려움이 없기를,
  그(내)가 성공하기를,
  그(내)가 불가피한 삶의 어려움과 문제, 실패를 겪으면 이를 극복할 수 있는
  인내와 용기와 이해심과 결단력을 갖기를 바란다.

가장 달콤한 것은 바로 사람들의 위안이다

아이에게 틱이 생기고 나면 아무래도 사회활동을 덜 한다. 친구들을 만나는 것도 꺼리고, 모임도 핑계를 대고라도 빠지고 싶어진다. 사람들을 만나봤자 다들 자식 이야기만 할 텐데, 아무렇지 않은 척하기

도 그렇고 미주알고주알 떠벌리고 다니기에는 자존심이 상한다. '우리 아이에 대해 이야기하는 건 내 약점을 내보이는 것 같다'든가 '말해봤자 바뀔 것도 없는데'란 생각이 든다. 그렇다 보니 이야기할 사람은 점점 줄고, 아이에게 더욱더 매달리게 된다. 우리를 힘들게 하는 것은 틱 자체보다 오히려 틱에 대한 사람들의 오해와 편견일 때가 많다. 내가 먼저 이야기하지 않으면, 사람들은 틱을 부정적으로 바라볼 수밖에 없다. 틱을 엄마나 아이가 잘못을 저지른 결과라고 오해하거나, 틱 아이에게 가까이 가면 안 된다는 잘못된 생각을 할 수 있다. 그렇게 되면 정말로 아이의 약점이 되어버릴지 모른다. 그러니 가족이나 친구에게 자신의 어려움에 대해 터놓고 이야기하고, 공감하고 위로받으면서 그 상황을 극복해내는 것이 필요하다. 사람에게 위로받는 것만큼 큰 위안이 되는 것도 없다.

툭 털어놓고 말하면 생각 밖의 성과를 얻기도 한다. 속의 이야기를 하면 누구 하나 걱정거리가 없는 사람은 없다. 세상 모든 짐은 내가 다 짊어진 줄 알았는데, 엄마나 친구 이야기를 듣다 보면 내 걱정은 별거 아닌 것처럼 느껴진다. '엄마도 나를 키울 때 이런 어려움이 있었단 말이야?', '나도 어릴 때 이런 병이 있었다니!', '완벽해 보이던 친구한테도 이런 힘든 일이 있구나!'라며 비로소 사람들의 삶이 보인다.

우리가 위안을 받는 것은 그들이 문제를 해결해주어서가 아니다. 오히려 나에 대해 이야기하면 많은 경우 문제점이 무엇인지 스스로 발견한다. 문제점이 무엇인지 깨달았다면 해결책 역시 바로 보일 때가 많다. 또한 다른 사람은 나에 대해 객관적인 시각으로 보므로 생각지 못한 문제점이나 해결책을 찾아내기도 한다. 이러한 새로운 관점은 종종 삶의 전환점이 되어준다.

또한 상대방이 특별한 말을 하지 않아도 위안이 될 수 있다. 단지 이야기를 하는 것만으로도 내면에서 두려움이나 슬픔이 가시는 것을 느낀다. 더 깊은 대화로 감정의 교류가 일어난다면 마음은 더 안정되고, 다시 시작할 힘이 생겨난다. 용기를 내어보자. 상처를 보일 수 있는 용기가 있다면, 이미 그건 상처가 아니다.

우리 아이, 틱이어도 괜찮아

우리 아이가 밝고, 힘든 일 없이 건강하게 자랐으면 하는 것은 모든 엄마의 바람이다. 하지만 세상에는 아이들을 괴롭히는 질병들이 얼마나 많은가? 아이가 아픈 것을 보느니 차라리 내가 아프면 좋겠지만, 현실은 참 야속하기만 하다.

다른 질병들과 달리 틱은 명확한 원인도, 예방법도, 부모가 할 수 있는 것도 없어 보인다. 주위 환경을 깨끗하게 한다고 좋아지는 것도 아니고, 스트레스가 없다고 해서 사라지는 것도 아니다. 실제로 틱 치료에도 완벽한 치료법이라 할 만한 것은 아직 없다.

틱은 아이들 젖니에 생기는 충치 같은 것이라고 생각한다. 젖니에 충치가 생겼다고 해서 그것이 영원할 거라 생각하는 부모는 없다. 때에 따라 아이에게 큰 고통을 주지만, 시간이 지나면 새로운 영구치가 대체할 거다. 그렇다고 가만 놔두다가는 큰코다칠 수 있다. 젖니 밑에 자라나는 영구치에까지 충치가 번지기 때문이다.

틱도 마찬가지다. 아이의 뇌가 안정화되면 틱은 사라진다. 틱이 심할 때는 영원할 것 같지만 그렇지 않다. 적절한 치료를 받으면서 일상생활을 해나가다 보면 남들과 다르지 않게 생활할 수 있다.

틱은 우리 아이를 망가뜨리지 못한다. 아이는 잘 자라서 성공적인 삶을 살게 될 것이다. 살아가는 데 귀찮고 불편할 뿐, 틱이 있어도 도전하지 못할 것은 없다. 틱 증상을 억제하지 못한다고 해서 패배자라는 인식을 줘서는 안 된다. 예쁘지 않다고, 키가 작다고 '루저'라고 불리면 안 되는 것과 마찬가지다.

직업을 갖는 것에도, 결혼생활을 하는 데도 틱은 전혀 영향을 주지 못한다. 나는 얼굴에 아주 심한 틱 증상이 있는 성인이 영업직에서 아주 훌륭한 성적을 거두는 것을 본 적이 있다. 처음에는 사람들이 거부감을 느끼다가도 자신감 있는 표정이나 태도에 반전 매력을 느낀다고 한다. 틱이 그 사람의 웃음이나 친절한 말투까지는 앗아가지 못한 것이다. 연애와 결혼에서도 틱은 큰 영향을 주지 않는다. 오히려 틱 때문에 안 될 거라고 생각하는 자신감 없는 태도가 문제될 뿐이다.

그를 위해 우리는 아이가 당당한 사회의 일원으로 발돋움할 수 있도록 지지해주어야 한다. 아이가 틱에 짓눌려 있기보다는 자기 장점을 살리고, 재능을 바탕으로 자신감을 갖기를 바란다. 아이에게는 이미 많은 장점과 재능이 있으니 틱이 있어도 괜찮다.

우리가 틱 아이를 통해 배우는 것들

4대 문명 중 하나인 황하 문명은 강이 주기적으로 범람하여 하류에 비옥한 충적평야가 생기면서 발전하였다. 황하는 상류에서 엄청나게 많은 물과 흙을 하류로 가져다주어 땅을 비옥하게 만든다. 그러나 대홍수가 나면 물길이 바뀌어 잘 가꾼 농지가 한순간에 싹 쓸리는 일이 흔했다고 한다. 이를 막기 위해 오래 전부터 치수사업이 발달하였고, 이를 바탕으로 강한 왕조가 생겨나고 문명이 발전하게 되었다.

강이 범람하는 것은 큰 재앙이지만, 이것을 이겨내다 보니 더 큰 문명이 이루어졌다. 이처럼 나쁘다고 생각하는 것이 좋은 결과를 낳기도 하고, 불행이라 여긴 일이 축복이 되기도 한다. 틱 장애도 무조건 나쁘다고만은 할 수 없다. 틱은 다른 아이에게는 볼 수 없는 긍정적인 영향을 주기도 한다.

다코타 패닝의 동생 엘르 패닝이 주연을 맡아 화제가 된 영화 〈이상한 나라의 피비〉를 보면 투렛 장애를 가진 소녀가 나온다. 주인공 피비는 손과 어깨가 제멋대로 움직이고 남의 말을 따라 하며, 하면 안 되는 생각들이 머릿속에 떠올라 그 말이나 행동을 해버리고 만다. 행복을 원했던 피비는 새로 온 연극선생님과 연극을 시작하면서 자유와 행복이 자신의 내면에 있음을 깨닫고, 진정한 자아를 찾게 되는 내용이다.

영화 속 피비는 공상에 자주 빠진다. 연극 〈이상한 나라의 앨리스〉의 '앨리스' 역을 맡으면서 환상의 세계 속으로 들어가 직접 앨리스를 만나기도 하고, 토끼와 붉은 여왕과 대화하기도 한다. 피비와 같이 틱 아이들은 감수성이 빼어난 경우가 많다. 공감 능력이 뛰어나며, 감성이 풍부하다. 이런 아이들은 예민하다고 치부할 것이 아니라 자신의 감수성을 표출하도록 돕는 것이 바람직하다. 또한 타인에 대한 존중과 포용력, 약자에 대한 배려, 인간과 질병에 대한 관심 역시 틱을 가진 아이들의 장점이다. 깊은 배려와 관용으로 타인을 대할 줄 알며, 약자를 감싸 안아주는 넓은 아량을 보일 때가 많다.

올리버 색스 교수의 책 《아내를 모자로 착각한 남자》를 보면 투렛 장애가 있지만 수준급의 드럼실력을 자랑하는 '레이'란 친구가 나온다. 그는 투렛 장애로 인한 충동과 강박증적 집착을 드럼에 쏟으며 창조적이고 격정적인 연주를 만들어 낸다. 하지만 치료하면서 약물을 투여하자 틱은 좋아졌지만 레이는 평범해졌다. 재빠르고 당돌한 행동도, 외설스러움, 뻔뻔함, 용기도 사라져버렸다. 더욱 심각한 것은 그가 치는 드럼 연주마저 시시해져버린 것이다. 그만의 야성적이고 열

광적인 연주는 더 이상 들을 수 없었다. 그래서 그는 주중에는 약물을 투여하고, 주말에는 중지하는 일종의 타협을 한다.

레이와 같이 틱은 남들과는 다른 특별한 능력을 주기도 한다. 부족하다고 생각한 것이 오히려 자신만의 장점이 되는 것이다. 이러한 자신만의 특별한 능력을 발전시킨다면 틱과 함께라도 성공적인 삶, 창조적인 삶을 살아갈 수 있다.

아이의 틱만 보이는가? 아니면 틱을 가진 아이인가?

하율이는 틱과 더불어 살고 있는 학생이다. 남들보다는 조금 늦은 10살 경에 틱이 시작됐는데, 처음에는 큰 불편함이 없어서 하율이와 부모님 모두 대수롭게 여기지 않았다. 그런데 저녁때만 살짝 보인 눈 깜박임은 작년부터 급격하게 진행되었다. 못 보던 증상들이 새로 생겨났고 그 시간도 늘어났다. 특히 학교에서 틱 증상이 나타나자 하율이는 당황스러웠다. 일부러 참으려 하지 않아도 학교에서는 아무렇지도 않았기 때문이다. 그래서 하율이는 틱이 원래 집에서만 나타나는 건 줄 알았다. 이제는 학교에서도, 특히 오후만 되면 수업 시간이건 쉬는 시간이건 눈을 깜박이고 머리를 뒤로 젖혀댔다. 이러한 변화로 하율이는 매우 실망했고 친구들을 보기가 부끄러웠다.

하율이를 처음 보는 사람은 틱이 있다는 사실을 쉽게 눈치 채지 못한다. 하지만 몇 분만 이야기해보면 아이가 계속 눈을 깜박여서 대화에 집중하지 못하게 된다. 또한 중간 중간 한 번씩 머리를 뒤로 젖히고, 왼쪽 어깨를 흔들어서 무심코 깜짝 놀라기도 한다.

하율이는 오래전부터 입술을 모으고 쯧쯧거리는 행동을 했는데, 그 소리는 자기 의지와 상관없이 나오는 것이다. 하율이는 자신이 보이는 그것이 음성틱인 줄은 생각도 못했다. 요즘에는 다른 사람의 끝 단어를 따라 하는 것이 생겼는데, 이것 역시 음성틱인 듯하다.

하율이는 아주 꼼꼼한 아이이다. 자기 물건을 잘 챙겨서 따로 챙겨주지 않아도 물건을 잃어버리는 적이 없다. 항상 몸이 청결하게 하고 자기 방을 깔끔하게 정리하는 것을 좋아한다. 음악에도 재능이 있어 어릴 때부터 피아노와 바이올린을 배웠다. 지금도 주말이면 악기 연주를 즐긴다. 노래에 화음 넣는 것을 좋아해서 노래가 나오면 화음을 넣어 부른다. 잠자기 전에 침대에 누워 공상하는 시간을 가장 행복해한다.

학교에서는 모범생으로 친구들의 고민을 잘 들어준다. 친구들의 생일마다 편지를 써주는 것을 좋아한다. 꼭 생일이 아니더라도 손 편지를 자주 쓴다. 구름이 펼쳐진 파란 하늘을 바라보는 것을 좋아한다. 밤하늘의 별을 보는 것을 좋아한다. 마음이 여리고 감수성이 풍부하다. 웃음이 많지만, 눈물도 많아서 슬픈 영화나 이야기에 쉽게 눈물을 흘린다. 어른이 되면 세계 일주를 하고 싶고, 여행 작가가 되는 것이

꿈이다. 자신과 같이 틱을 가진 사람들을 도와주고 싶어 한다.

이 두 가지는 모두 하율이의 모습이다. 하율이의 어떤 모습을 바라보느냐는 당신의 마음에 달려 있다. 당신이 바라보는 내 아이의 모습은 어느 쪽인가?